JN437693

| 진주 씨의 꿈 사용설명서 |

동행을 부르는 이야기

장복순 지음

도서출판 책미다지

I 진주 씨의 꿈 사용설명서 I

동행을 부르는 이야기

초판 2쇄 발행 | 2023년 2월 20일

지은이 | 장복순
펴낸이 | 이성범
펴낸곳 | 도서출판 책미다지
교정 · 교열 | 박진영
표지 디자인 | 이진호
본문 디자인 | 양하비

디자인 | (주)우일미디어디지텍
인쇄 | 우일프린테크

주소 | 서울시 영등포구 양평로 30길 14, 911호(세종앤까뮤스퀘어)
전화 | (02)2277-9684~5, 070-7012-4755 / 팩스 | (02)323-9686
전자우편 | taraepub@nate.com
출판등록 | 제2012-000232호

ISBN 978-89-8250-155-5 (03810)

· 값은 뒤표지에 있습니다.
· 파본은 구입한 서점에서 교환해 드립니다.
· 책미다지는 도서출판 타래의 임프린트 출판사입니다.

| 진주 씨의 꿈 사용설명서 |

동행을 부르는 이야기

장복순 지음

머리말

세상의 주인공이 되어 사랑하고 감동하고 희구하고 전율하며 열심히 살았던 삶의 흔적을 책으로 남기는 일은 얼마나 값진 일인지 새삼 깨닫는다. 내 안에 있는 나를 끄집어내는 작업이 처음에는 버거웠지만 엉덩이로 글을 쓴다는 말을 실감하며 보람을 느낀다. 인간사 희로애락 중 기쁘고 즐거운 일만 있었을까? 누군가에게 조금이라도 위로가 되고 희망이 되었으면 하는 마음으로 아프고 힘들었던 순간들을 가감 없이 써 내려갔다.

시골 초등학교, 중학교 시절 동창이었던 그 학생이 장성해 어느 날 꼬마신랑이 되었다. 평소 "나는 굵고 짧게 살겠다"라는 말을 자주 했는데 그의 말이 씨가 되어 하늘의 별이 되었다. 졸지에 가장이 된 나는 아파도 아프다고 내색할 수 없었다. 아빠도 안 계시는데 엄마까지 아프다고 말하면 마음 아파할 착한 유리, 유정, 환룡이가 걱정할까 봐! 덕분에 힘들 때도 웃고 기쁠 때도 웃으니 밝은 에너지가 생겼다.

요즘도 세 아이는 "엄마, 어디 아픈 데는 없어요?" 한결같은 마음으로 안부를 묻는다. 내 대답도 한결같다. "엄마는 괜찮아!"라고. 설령 나보다 더한 아픔이 있더라도 『동행을 부르는 이야기』가 독자들에게 힘이 되었으면 한다. 어려운 상황일지라도 1%의 가능성만 있으면 도전했다. 한순간도 포기하지 않고 최선을 다해 살아온 내게 박수를 보낸다. 나는 내세울 만한 것도 없지만 세상에 도움을 주고 싶어 최선을 다해 열심히 공부했다. 배워서 남 주자. 부족한 '나'이지만 선한 영향력을 펼치고 싶다. 내 재산목록 1순위는 책이다. 물론 0순위는 아이들이지만. 내 책을 읽는 사람들에게 힘이 되고 영혼이 말끔히 치유되어 모두 행복해지기를 바란다.

누가 뭐래도 세상은 꽃밭 천지다. 험한 세상에 다리가 되어 『동행을 부르는 이야기』가 꽃으로 피어 함께 행복을 나누면 어떨까요? 인생 2막 걸작을 꿈꾸며 무한 열정과 긍정 에너지를 실어 '진주 씨의 꿈 사용설명서'를 당신에게 배달합니다. 때로는 황소걸음을 걸으며 여유롭게 때로는 그물에 걸리지 않는 바람처럼 자유롭게 때로는 씨앗 속에 감춰진 그리움처럼 설레는 마음으로 글을 썼다. 서울역이 어디냐고 묻는 할머님을 직접 서울역에 모셔다드렸던 순수한 마음. 그 마음 변치 않고 계속 따뜻한 사람 냄새 풍기는 글쟁이니까.

천 년에 한 번 꽃피우는 우담바라가 있다. 수목한계선에서 생육하는 식물도 있다. 칼바람 몰아치는 한겨울을 보내고서야 피어나는 봄꽃들이 찬란한 이유는 있다. 고된 시련을 겪고 피어나 더 아름답고 강하리라. 제철에 맞춰 제철을 찾아 피어나는 데는 그만한 이유가 충분히 따른다. 모진 역경 속에서도 한 송이 꽃으로 피워올린 글 꽃이 향기를 피워 올려 사랑받길 소망한다. 부족한 엄마에게 항상 격려와 응원을 해준 유리(정은), 유정(진철), 환룡 도진이와 사랑하는 가족들에게 이 책을 바친다. 이 세상 소풍 마치고 하늘나라에 먼저 가신 부모님과 꼬마신랑에게도….

김영돈 작가님, 어성호 작가님께 감사의 마음 전합니다.

켈트족의 기도가 우리의 기도가 되어
"바람이 언제나 등 뒤에서 불기를…!
햇살이 언제나 당신의 얼굴을 따뜻하게 비추기를…!"

2022년 12월
크리스마스 즈음 좋은 날에
흑진주 시인 장복순

추천사

투박한 문장에 진실이 가득 담긴 글. 참으로 오랜만에 읽어 보는 시골 순둥이의 마음이다. 끼와 깡으로 꿈을 이루어가는 소녀의 미래는 아줌마를 넘어선 예술가다. 시와 춤과 운동, 소설과 개그가 넘칠 듯해 어떤 그릇도 담아내지 못할 듯하다. 이 글을 쓴 사람이나 읽는 사람 모두 인간에 대한 예의와 용기가 필요하고 공감하면서 읽지 않으면 죄인이 될 것만 같다.

글로벌리더십연구소 강사 홍석기

성실함이 무기인 우리 장복순 작가님!
희망은 기적을 남깁니다. 늘 현장에서 직접 아이디어를 찾고 살아있는 지혜의 책을 펴냈으리라 생각하니 씩씩한 그녀를 축복합니다. 성공한 삶은 돈과 명예가 아니라 역경과 고난을 견디고 정상에 오르는 삶이라고 하지요! 장 작가님의 삶은 항상 준비된 승리의 여신입니다. 앞으로도 앞을 내다보는 따뜻한 지혜의 글을 써주십시오.

KJ교육연구소장 오경자

내 삶을 디자인해 보셨나요. 아니면 내 꿈을 아직도 꾸고 계시나요. 이 땅에 태어난 진주 씨는 자신의 꿈을 실천하기 위한 작은 프로젝트를 시작합니다. 누구나 다 할 수 있는 계획, 매우 멋지게 계획을 세워봅니다. 누구나 계획을 세우지만 과연 몇 %나 실천하며 삶을 살고 있을까요? 작가는 누구나 공감할 수 있는 내용으로 독자들에게 자신의 사례로 가능성을 제시하고 있습니다. 그러나 『동행을 부르는 이야기』는 누구나 따라 할 수 없습니다. 그 이유는 다음과 같습니다. 그 꿈은 진주 씨만의 것이고 그 꿈을 이루기 위해 준비된 삶이 꿈을 이루고자 한 것이 아니고 이미 꿈속에서 살고 있기 때문입니다. 그 꿈속의 삶을 이제 설명서로 내놓았습니다. 오늘 『동행을 부르는 이야기』로 내 삶을 새롭게 디자인해 보시는 토대를 만들어 보시길 바랍니다.

시집 『까칠해서 더 매력 있는 그대』 저자 정동욱

흑진주 시인은 유머러스하고 열정이 가득하며 글, 사진, 음악, 문학, 예능 모든 분야에서 다재다능한 재주꾼인 예술가인데 이제 수많은 달란트가 한 꾸러미 책 속에 담겨 세상에 선을 보이게 되었네요. 흑진주 시인의 주옥같은 글들이 책을 읽는 모든 이의 가슴속에서 반짝반짝 빛나길 소망합니다. 출간을 진심으로 축하드립니다. 사랑합니다. 축복합니다.

태권도 테라피 예술 명인 장길표

차례

III 꿈꾸지 않으면 사는 게 아니다

IV 진주가 된 조가비

상처 많은 조개

01

상처가 쌓여 진주가 된다

차마
견디기 힘든 아픔이었지

움직일 때마다
파고드는 이물질은

품고 사는 세월 동안
큰 고통이 굳어져서
영롱한 진주가 된 걸 거야

아마도 넌
아픔을 감추고 살아온 세월만큼
찬란하게 빛을 발하는
흑진주가 될 거야

졸시, 「흑진주」

상처 입은 조개가 더 영롱한 진주를 만들듯 그동안 만만치 않았던 삶의 여정에도 힘들어 흘린 눈물만큼 빛나는 흑진주가 되었다. 이사를 자주 해야 하는 이유가 있을까. 짐 풀고 살 만하자 또 이사해야 한다면 누가 그런 고생을 사서 하겠는가. 집안이 가난하다면 그럴 수밖에 없다. 남편의 직업이 군인이라면 그것도 어쩔 수 없다. 만약 두 가지 이유가 겹쳐 일어난다면? '설마?' 하겠지만 그 설마가 우리 가족에게 일어났다.

군인 가족인 우리 식구는 본의 아니게 무려 서른 번이나 이사했다. 지겹도록 이사 다녔지만 그랬기 때문에 빼놓지 않고 횟수를 기억한다. 유독 딱 한 번 자리 잡았던 곳을 아직도 잊지 못한다. 양주에서 퇴촌으로 이사했을 때다. 관산 아래 자리 잡은 첫 번째 집이었다. 이삿짐 푼 지 대엿새나 지났을까. 집안에서 쥐똥이 발견되었고 싱크대 위에는 이상한 발자국이 나 있었다. "이게 뭐지? 도대체 이게 무슨 상황이지?" 부엌 진열대에 가지런히 정리된 물건들이 땅바닥에 널브러져 있었다. 그러고도 꽤 시간이 흐른 후 부엌 귀퉁이에서 쥐똥이 무더기로 발견되었다. 온 집안에 쥐 오줌 냄새가 진동했다. 창문을 아무리 열어젖히고 환기시켜도 냄새는 오히려 더 심해졌다. 쥐잡이 끈끈이를 놓았지만 쥐가 붙어야 할 끈끈이에 가족이 발을 잘못 디뎌 웃지 못할 황당한 상황도 연출되었다.

"쥐, 쥐. 쥐새끼가 변기통에…."

화장실에 볼일 보러 간 막내가 자지러지게 고함을 질렀다. "뭔 소리야? 쥐가 왜 거기에?" 물어볼 틈도 없이 화장실로 내달렸다. 너무 놀라 시퍼렇게 질린 막내는 말까지 더듬었다. 어째 이런 일이? 수세식 변기 속에서 유유히 허우적대며 수영하는 쥐를 난생 처음 볼 줄이야. 그 사건을 시작으로 거실에 불을 켜놓으면 쥐새끼들은 조용했지만 불만 끄면 쥐새끼들 세상이 되었다. 불을 켰다 끄기를 반복하자 가족은 잠을 설쳤다. 장롱 위에서 장식장 뒤에서 우당탕 달리기 시합이라도 하는지 6·25 난리는 난리도 아니라는 드라마 대사가 떠오르는 상황이었다.

그때부터 본격적으로 쥐들과 전쟁을 선포했다. "어디 해보자. 너희가 이기나 내가 이기나." 그들 세가 약할 때 불시에 불을 확 켜면 쥐 죽은 듯 조용했는데 이제는 불을 켜도 사람 무서워하지 않고 시끄럽게 찍찍거려 수면에 방해가 될 정도였다. 평온하던 얼굴 눈 밑에 다크 서클이 내려앉을 정도였다. 집안을 점령한 그들의 세상이 되고 말았다. 신발장 안의 아끼던 신발을 갉아 먹고 옷을 갉아먹고 싱크대 서랍을 들쑤시는 그들의 만행은 셀 수도 없었다.

간사한 사람을 '쥐새끼 같은 놈'이라고 욕하는 것을 그 사건 전까지는 몰랐다. 진정한 말뜻을. 쥐새끼들이 얼마나 간교하고 영리한지 어떤 수를 써도 걸려들지 않았다. 쥐구멍을 찾아 막아보고 쥐덫을 놓고 쥐 끈끈이를 바르고 별별 퇴치 작전을 폈지만 헛수고였다. "집주인은 나인데 왜?" 난장판에 결국 집주인인 내 두 손 두 발 다 들고 항복하게 만들었다.

"그런 집에서 어떻게 살아요?" 당장 이사하라며 대기업에 다니는 큰딸이 엄마를 나무랐다. 누가 이사할 줄 몰라 안 하나. 이런저런 형편 때문에 못 하는 거지. 녹록지 않은 상황에 산전수전, 공중전, 난타전까지 치른 삶이었다. 부유할 때는 넓은 단독주택에서 살았지만 퇴촌으로 이사할 때는 급하게 집을 구하느라 전·월세로 살게 되었다. 주인집 할머니는 그 동네에서 구두쇠로 소문났는데 쥐새끼들이 나타나도 눈 하나 깜짝하지 않았다. 심각한 우리 가족과 달리 무덤덤한 집주인의 태도에 집 없는 설움을 실감했다.

큰딸과 작은딸은 직장 생활하느라 주중에는 기숙사에서 생활했다. '남 편만 들어서 남편이다'라는 우스갯소리처럼 남 편을 들더라도 내 곁에 있었으면 좋았을 남편은 깨 팔러 가고 없었다. 엄마 모습이 오죽 처량했을까. 딸 둘이 힘을 합쳐 마음 착잡한 내게 집을 사 주었다. 그 때문인지 덕분인지 들을라치면 웃음 먼저 나올 쥐새끼들 소동으로 말이다. 상도동 살 때는 수해로 물난리가 났고 안양 박달동 군관사에 살 때는 불난리도 겪었지만 지금 생각해도 그때 쥐새끼들 사건은 황당하고 끔찍했다.

2021년 2월 폭설과 한파에 또 한 번 물난리를 겪었다. 지금 사는 집에 한파로 수도계량기가 동파되어 물난리를 겪었다. 폭포수처럼 순식간에 물이 집으로 들이닥쳤다. 거실, 안방 서재, 작은방, 부엌까지 온통 무릎 아래까지 물이 찼다. 전화로 계량기 수리를 불렀더니 금방 못 온다는 대답뿐이었다. 그도 그럴 것이 다른 집들도 계량기 동파로 물난리가 났기 때문이다. 물은 차오르고 수리는 늦어지자 애가 탔다. 때마침 가까이 사는 막내 남동생 장길표 목사와 박요셉 올케가 와 물을 퍼냈다. 4층에 사는 권사님도 거들었다. 계속 물이 차올라 급한 나머지 면사무소에 SOS 전화를 했더니 직원 두 명이 나와 들여다보고 "수고한다" 말만 남기고 휑 가버렸다.

'엎친 데 덮친' 격으로 보일러 모터까지 고장났다. 동생과 나는 온종일 물을 퍼냈다. 그나마 보일러라도 작동되어야 집안이 마를 텐데 겨울이어서 더 춥고 눅눅했다. 수리가 밀려 오늘 당장은 못 오고 내일 오겠단다. 동생 집에 있는 히터를 가져오는 등 이리저리 분주했다. 날씨도 추운데 고생한 동생과 올케가 고마웠다. 상도동 약수터 물난리가 마지막일 거라고 생각했다. 앞날에는 예상치 못한 변수가 따른다. 살다 살다 이런 경험은 두 번 다시 없겠지만 돌이켜보면 고난을 통해 현재의 단단한 내가 만들어진 것 같다.

'전화위복'은 이럴 때 쓰나. 복이 될지 화가 될지 누가 알겠는가. 죽을 둥 살 둥 아득바득 살아 보니 다 살아지더라는 거다. 고된 인생살이, 이제 무슨 일이든 감당할 수 있다. 내 뜻과 상관없이 일어난 일들에 감사한다. 이런저런 고난으로 내 별명이자 필명처럼 '빛나는 흑진주'가 되었으니까. 지금 와 하는 말이지만 그런 추억이 있었다는 데 감사한다. 애들이 아닌 엄마인 내게 다행이다.

02

시련은 축복의 통로다

'누군가 당신을 위해 기도하고 있다.'

혼자 편의점을 운영하며 수고하는 청년에게 만 원을 쥐여준 할머니 이야기로 며칠 동안 그렁했다. 뒤돌아 편의점을 나서는 할머니의 뒷모습에 설움이 북받쳐 청년은 SNS에 글을 올렸다. 고마움에 눈물이 났다며. 할머니도 청년도 내 마음속의 스타다. 우리는 누군가에게 모두 스타다. 지금 나의 행동이 누군가에게는 위로가 될 수 있다. 내게는 무의미한 동작이 누군가에게는 의미심장한 흔적으로 남을 수 있다. 어쩌면 그 누군가는 나를 부러워할 수도 있다.

'나마스테!'

"안녕하세요. 반갑습니다. 고마워요. 지금 이 순간 당신을 존경하고 사랑합니다." 나마스테는 이런 뜻으로 번역된다. 내 안의 신이 당신의 신께 경배를 드립니다. 나마스테는 이런 뜻도 있다. 온몸과 마음을 다해 전하는 표현이다. 당신을 위해 기도한다. 얼마나 따뜻한 감동적인 인사인가. 나의 간절한 기도처럼. 드라마 대본을 써도 이 같은 내용은 없을 것이다. 아마도. 열두 번 죽을 고비 말고도 크고 작은 사건 사고를 달고 다닌 남편이다.

강남 도곡동 현장에서 쌓아둔 합판을 잘못 밟는 바람에 미끄러져 떨어져 그 충격으로 척추뼈에 금이 갔다. 입원한 후 의사는 신경이 끊겼다면 하반신 마비가 왔을 텐데 이 정도여서 천운이라고 했다. 아직 어린 막내를 둘러업고 온전히 병간호를 해야 했다. 건우사에 잘 다니던 남편이 사표를 내고 회사를 옮긴 지 1년도 안 되어 사고가 났다. 당시 권고사직하라는 회사의 압박이 심했단다.

정작 사표를 종용받은 1순위는 다른 사람이었고 권고사직 압박을 받은 직원은 도시락까지 싸 들고 열심히 다녔다. 자존심만 굴뚝같이 높던 남편 본인이 덜컥 사표를 내버렸다. 자존심은 '나 잘났다'라고 자신을 지키는 마음이고 자존감은 '나는 소중하다'라고 자신을 존중하는 마음이다. 쓸데없는 자존심 때문에 터질 일이 터지고 말았다. 자식은 셋이나 되는데 내심 염려한 사태가 현실로 다가왔다. 웬만하면 참고 다니면 좋겠다고 다독여도 소용없었다.

병원과 집을 오가며 병간호하랴 유리, 유정이 돌보랴 몸이 둘이라도 모자랄 지경이니 육체적, 정신적 고통이 이루 말할 수 없었다. 아무리 동갑내기 동창생 부부라지만 해도 너무 한다는 생각이 들었다. 어찌할 노릇인가. 꼬마 신랑 감독관 사건 사고는 내 마음대로 되는 일이 아니었다. 물가에 내놓은 아이처럼 으레 걱정부터 앞섰다.

어려움 없이 성장하는 사람은 없다. 삶에서 어떤 고난이 닥쳐 심한 고통을 겪더라도 그것이 좌절하거나 절망하기보다 빛이 될 수 있는 희망을 찾아야 한다. 인내하며 살아내야 한다. 매일 새로운 마음으로 삶의 의지를 불어넣으며 나 자신을 다독였다. 내가 무너지면 우리 애들은 누가 책임지나. 지치고 힘들 때마다 친정엄마 생각을 하며 버텼다.

'내가 책을 썼으면 족히 한 수레는 될 거다'라며 친정엄마는 지난 세월을 회상했다. 손주들에게는 한없이 인자한 할머니인데 며느리인 엄마에게는 유난히 모질었다. 아버지는 어릴 때부터 약한 몸에 독자로 태어났다. 원래 독자로 태어난 게 아니라 아버지 위로 많이 돌아가셨단다. 전염병으로 자식을 잃고 딸 둘에 아들 하나를 건진 할머니는 아버지에 대한 사랑이 각별했다. 죽 먹고 싶다면 죽을 끓이고 밥 먹고 싶다면 밥을 지었다. 혹시 잘못될까 봐 끔찍이 아꼈다.

엄마는 늘 뒷전이었다. 밤실 동네 앞산인 청년산을 넘으면 친정인 외가 동네 재동이 나왔다. 할머니도 남정마을의 솟을대문 부잣집 딸이었지만 엄마도 외할아버지가 한의사이자 서당 훈장이어서 고생 한 번 안 하고 시집왔다. 밤에는 아버지와 잠도 자주 안 자면서 일화가 생겼다. 동네 분들이 시장 가는 길에 골목에서 아이들이 웅성대는 소리를 들었다며 엄마에게 전했다. 다른 애들은 '엄마 아빠가 손잡고 잠을 자야 동생이 생긴다'라고 했고 금순 언니와 하표 오빠는 '우리 엄마 아버지는 함께 안 자도 동생이 태어난다'라며 옥신각신했단다. 듣자면 얼마나 슬픈 이야기인가.

낮에는 들로 산으로 밭으로 논으로 일개미처럼 일만 하다가 밤이면 남편이라도 한방에서 잠자고 있어 주면 좋으련만. 할머니가 아버지를 독차지하고 주무시니 착한 우리 엄마는 불평 한마디 못 하고 시집살이를 했다. 할머니에게 아버지를 빼앗기고도 고초 당초 맵다 하던 시집살이를 7남매 자식 생각하며 마지못해 견뎠을 것이다. 요즘 세상에는 있을 수 없는 일이다. 아버지만 빼앗긴 게 아니라 밤에는 길쌈도 했다. 아무리 부지런한 벌과 개미도 밤에는 '쉼'을 취하는데. 인간의 한계를 극복하고 살았던 엄마 앞에서라면 내게 닥친 힘든 일들은 절대로 말 못 한다. 엄마가 겪었을 고난에 비하면 '빙산의 일각'이라고 생각했다. 남들은 친정에 가면 남편 흉도 본다는데 엄마가 힘들까 봐 그런 내색은 하지도 않았다.

"동서, 요즘 뭐해?"

보름 동안의 병원 생활을 마치고 퇴원했다. 뭘 할지 고민하던 중에 시댁 큰고모 며느리로부터 전화가 왔다. "놀고 있으면 우리 회사에 나와." 프뢰벨이라는 회사인데 주로 영업을 한다고 했다. 나는 더운 밥 식은 밥 가릴 처지가 아니었다. 동서는 잘할 수 있을 거라며 신사동 회사로 나오라고 했다. 셋째 형님에게도 전화했으니 함께 나오란다. 시댁 고종사촌 형님은 그때 차장으로 승진해 우리를 출근시켰다.

첫 출근 후 3일 동안 교육을 받고 곧바로 현장에 투입되었다. 미취학 아동부터 초등학생, 중학생에게 필요한 책을 판매하는 영업직 외판원이었다. 미취학 아동에게는 목각 장난감도 판매했다. 직원 3~4명이 함께 나가 영업 일을 했다. 영업 나간 첫날 차장인 시댁 형님이 동행해 주었다. 각자 고객의 집을 방문해 문을 열게 하는 방법과 인사하는 방법 등의 노하우를 전수했다. 그런 뒷날부터 셋째 형님과 세숙 씨, 영신 씨와 함께 현장으로 나갔다. 걱정보다 어떤 분을 만날지 설렘으로 벅찼다. 활동 구역은 주로 상계동, 중계동, 하계동으로 정하고 매일 갔다.

지하철을 타고 가다 보면 앞산에 진달래가 피어 소풍가는 것처럼 행복했다. 목표지 영업장은 복도식 아파트여서 영업하기에 안성맞춤이었다. 도착해 맨 먼저 하는 일은 아파트를 돌며 몇 층 몇 호 베란다에 기저귀가 널려있는지 살피며 수첩에 메모하는 작업이었다. 집 앞에 장난감 자동차나 아동용 자전거가 놓여있는지 꼼꼼히 메모한 후 영업을 시작했다.

'딩동!' "안녕하세요? 프뢰벨에서 왔는데요. 문 좀 열어주시겠어요?"

초인종을 누르고 최대한 명랑한 목소리로 접근했다. 기적적으로 현관문이 열리면 이런저런 세상 사는 이야기를 나누었다. 아기가 나를 따르고 방실방실 웃으면 아기엄마는 아기가 낯가림이 심한데 참 신기하다며 반색했다. 미리 메모해둔 정보도 있으니 자연스럽게 카탈로그를 펼치고 상품 설명에 집중했다. 아기가 어리면 '은물(하나님이 주신 은혜로운 물건, 프뢰벨 제작)'이나 '토이(목각 장난감)'를 권했다. 아울러 창작동화, 전래동화도 권했다. 펭귄을 예로 들며 새끼 때는 털이 갈색인데 성장하면서 털 색깔이 바뀐다고 설명해주고 각인 현상이 있는 아이들에게 동화책을 많이 읽어줘야 한다고 덧붙였다.

간단명료하고 솔직담백한 설명 덕분에 판매까지 일사천리로 진행되었다. 일주일도 안 되어 100만 원 이상 은물을 팔았다. 토이, 창작동화 전집, 전래동화를 세트로 팔았다. 신입사원이 그 비싼 은물을 팔았다며 부장이 직원들 앞에 나가 경험담을 설명하라고 시켰다. 함께 입사한 형님은 판매 실적이 없어 내가 팔았던 창작동화를 형님이 판 것처럼 전표를 넘겨주었다.

월매출이 1,500만 원이면 주임으로 승진하는데 한 달도 안 되어 단번에 나는 주임이 되었다. 굳이 비결을 밝힌다면 '나'라는 인격을 파는 데 매사 최선을 다한 것이다. 또래 엄마들에게 소개도 부탁했다. '궁하면 통한다'라고 했던가. 중계동 아파트에 살던 수현 씨는 내게서 상품도 많이 사주었지만 소개도 많이 해주어 고마운 분으로 기억 속에서 잊히지 않는다.

누구에게나 시련은 온다. 예외는 없다. 받아들이는 데 약간의 차이만 있을 뿐이다. 물러서거나 비키는 방법이 있고 맞서거나 받아들이는 방법이 있다. 시련은 어김없이 내게도 닥쳐왔다. 피할 방법을 모르니 나로서는 마주할 수밖에 없었다. 내게 주어진 시련은 새로운 일에 성공함으로써 마침내 축복의 통로가 되었다. 내 안에 그런 '커다란' 능력이 있을 줄은 몰랐다. 주저하지 않았고 '쭈뼛'하며 머뭇거리지 않았다. 마주쳐 꺼내 보니 그저 눈부셨다. 찬란했다. 시련이 없었다면 이토록 소중한 빛을 어디서 펼쳐봤겠는가. 내 안의 빛은 시련을 만나고 나서야 터졌다. 하나로 열렸다.

03

실패는 성공의 어머니

맺을 수 없는 사랑을 하고
견딜 수 없는 아픔을 견디고
이길 수 없는 싸움을 하고
이룰 수 없는 꿈을 꾸자.

언제 읽어봐도 마음을 들뜨게 하는『돈키호테』구절을 아무 사심 없이 그냥 좋아한다. 돈키호테라면 웬만한 건 별것 아닌 것처럼 느끼고 실패를 두려워하지 않을 것이다. 넘어질 때 넘어지더라도 무모할 만큼 크고 높은 꿈을 꾸며 용기를 내 도전에만 전념하겠지. 잠시 엉뚱한 생각을 해본다.

나만 사랑하고 나만 위해 줄 거라고 철석같이 믿고 결혼한 남편은 신혼 초부터 귀가가 늦었다. 부대 일로 바쁜 시절이었다. 안다. 결혼 안 한 중위 동기생들에게 붙잡혀 술 한 잔하고 늦게 들어오는 경우가 잦았다. 휴대폰, 삐삐도 없던 시절이어서 연락도 없이 늦을 때마다 불안해 잠도 못 잤다. 마냥 기다려야 했으니 속 타는 심정이 오죽했을까. 다 안다.

우리는 시골 산골 마을 초등학교, 중학교 동창이었다. 사관학교에 임관하고 처음 중위 발령받은 곳에서 결혼했다. 위로 시숙 두 분을 제치고 막내인 남편이 먼저였으니 말이다. 손위를 건너뛰고 결혼하는 것은 드문 시절이었다. 형을 두 명이나 두고 먼저 결혼했으니 이런저런 우여곡절이 어땠겠는가. 지금 생각해도 가슴이 먹먹하다. 머슴이 6~7명이나 있는 부잣집 막내 도련님. 내 남편이었다. 귀하게 자라서인지 매사 즉흥적이고 경제 관념도 없었다. 지금까지 살아오면서 굳어진 생활 습관을 어쩌겠는가. 처음에는 바꿔보려고 무던히 애썼는데 살다 보니 내 마음대로 할 수 없는 일이라는 생각에 접고 말았다. 삶은 이론이나 공식이 통하지 않는 부분이 많았다. 오죽하면 '꼬마 신랑 감독관'이라는 별명을 붙였겠는가.

빚보증 서주고 돈도 빌려주었다. 아내인 나와 한마디 상의도 없이 덜컥덜컥 거침이 없었다. 게다가 술에 취해 월급을 두 번이나 잃어버렸다. 아이 셋을 키우는 전업주부로서 마음고생이 심했다. 아무리 초긍정적인 마인드로 중무장해도 가슴에 멍이 들었으니까. '엎친 데 덮친' 격으로 그 와중에 나는 신용불량자가 되었다. 부부가 동시에 신용불량자가 되었다. 국내 여행을 가든 해외여행을 가든 부부가 함께 쓰면 편리하다고 만든 카드가 문제가 될 줄은 그때까지도 몰랐다. 남편이 경제권을 쥐고 있어 신경을 안 쓴 내 탓도 있지만 모르는 사이에 신용불량자가 되자 난감하고 당황스러웠다.

신용불량자 처지가 되니 할 수 있는 것이 많지 않았다. 휴대폰도 내 이름으로 개통할 수 없었다. 급기야 막내 여동생 미화 앞으로 휴대폰을 개통했다. 언니 체면이 말이 아니었지만 다른 방법이 없었다. 안양 박달동 군부대에서 근무할 때 미화가 1년 동안 우리 집에서 지내기는 했지만 언니로서 무조건 미안했다.

'아픈 만큼 성숙해진다'라는 말처럼 아픈 경험을 통해 성숙해진다. 인생 다 산 것도 아니고 실패한 인생도 아니지만 막연한 실패감이 마음을 짓눌렀다. '실패는 성공의 어머니'라는 말도 있지 않은가. 털자. 툭툭 털자. 성공한 자는 실패한 자보다 실수를 훨씬 많이 했다. 실패라고 부르지 않고 실수라고 부른다. 그것이 바로 성공의 비결이다. 실패는 위대함으로 가는 디딤돌이다. 새로 시작했다. 그렇게라도 마음을 고쳐 잡아야 새 틀을 짤 수 있었다.

실패하고 나서야 깨달았다. 실패는 상상을 초월하는 아픔과 어려움을 동반한다는 것을. 작은 일 하나 무심코 지나치면 나중에 손댈 수도 없는 큰 문제로 비화할 수 있음을. 그만큼 마음을 단단히 먹고 살아가는 데 큰 자산이 되었다. 끝도 모르는 나락으로 빠지지 않도록 절대로 좌절하지 말자. 정도의 차이는 있겠지만 꿋꿋이 열심히 살자.

"재수해서 사범대를 가든지 언니가 경영하는 양장 일을 배우든지."

"왜 하필 나한테 그러냐고!"

엄마는 7남매 중 딱 중간인 내게 희생양이 되라고 윽박질렀다. 엄마는 막무가내였다. 양자택일이 아니라 덮어놓고 말로 우기는 엄마와 실랑이하는 데 앞뒤 좌우 가리거나 버틸 재간이 없었다. 위로 아들 둘이 한꺼번에 대학을 다니니 밑의 자식들 건사하며 살아가기 버겁다는 뜻으로 한 말인 줄 뻔히 안다. 말이 좋아 재수지 기술을 배워 돈 벌라는 말을 돌려 했을 뿐이다. 말로나마 기회는 주었으니 날아오를 재주가 있으면 해보든지 그럴 자신 없으면 일찌감치 생업 전선에 뛰어들라는 재촉이었다. 알고 있었다. 모르는 게 아니었다. 엄마가 농사지으며 힘들게 사는 걸 자식인 내가 왜 모르겠는가.

엄마는 어려운 환경에서도 좌절하지 않고 꿋꿋이 개미처럼 소처럼 일만 했다. 그런 모습이 안쓰러워 머슴을 들이자는 아버지의 제안에 엄마는 '머슴 일은 내가 해요'라며 단칼에 거절했다. 그리고는 7남매 교육에만 몰두했다. 대학 못 보내는 엄마 마음은 오죽할까. 다시 태어난다면 부잣집 딸로 태어나 실컷 공부하고 싶어 했던 엄마다. 다섯 손가락 깨물어 안 아픈 손가락 없다는데 유독 중간에 태어나 위아래에 치이며 살아온 나를 누구보다 잘 아는 엄마인데. 속 타는 엄마 심정을 헤아리지 못하는 바보는 되지 말았어야 했다. 적어도 그날만큼은.

"왜 나만 대학 안 보내 주냐고!" 생떼를 쓰다가 그만 "그럴 거면 왜 낳았냐고!" 입에서 나오는 대로 말해버리고 말았다. 속으로 '아차' 했지만 이미 튀어나온 말을 주워 담을 수도 없어 물리지도 못할 비수가 되어버렸다. 변명할 겨를도 없이 엄마 가슴에 대못을 박아버렸다. 자기 일이 급하다고 어쩌면 이토록 철이 없었을까. 조용한 날 다시 물어볼 생각을 왜 못했을까.

남들처럼 당당한 대학생이 되고 싶었던 내게도 기회가 찾아왔다. 1982년 12월 31일 방송통신대학에서 중어중문학과 1기생을 모집했다. 한문 과목을 좋아한 나는 망설이지 않고 원서 접수를 했고 합격의 영광과 함께 코오롱에 다니며 공부했다. 꼬마 신랑 덕분에 겪지 않아도 될 일들을 겪었고 마음고생도 컸지만 막판 뒤집기에 성공했다. 나는 고시보다 어렵다는 건축기술사 자격시험에 도전해 미역국 한 번 안 먹고 합격했다. 동쪽으로 가라면 서쪽으로 가고 서쪽으로 가라면 동쪽으로 가는 청개구리 같다는 생각을 여러 번 했다고 신랑은 말했다. '쇠귀에 경 읽기'라는 속담도 여러 번 생각났단다. 내게 날개를 달아주겠다던 꼬마 신랑이었으니까.

삶을 어떻게 사는 것이 정답일까. 반추에 반추를 거듭해도 정답은 없다. 마음먹은 목표를 이루는 것이 '성공'이라고 결론짓는다. 무모하다고 물러서겠는가. 안 하겠다고 마음 편하겠는가. 그렇지 않다면 곧바로 직진 Go. 모든 길은 한 길로 통한다. 갈림길에서도 머뭇거리면 안 된다. 논둑길을 걷다가도 대로로 이어진다는 것을 알아차린다. 길이 없으면 내가 길을 만들면 된다. 고샅길이 큰길이 되는 건 한순간이다. 걸었던 길만 걷지 말라. 내가 걸었던 길이 누군가에게는 또 다른 '도전 길'이 될 테니.

04

끊임없이 새로운 도전에 힘써라

나는 '도전'에 왜 애달파 하는지 곰곰이 생각해 보았다. 특별한 이유는 없다. 배움에 대한 목마름이나 없음에 대한 한도 없다. 다시 물어보았다. 그렇게 떠오른 '새로움'. 성격도 생각도 늘 새로움을 갈구하는 나를 보았다. 뭐라도 꼼지락거리고 뭐라도 '변화 거리'가 있어야 활기를 찾는다.

'세상에서 가장 지혜로운 사람은 배우는 사람이고 세상에서 가장 행복한 사람은 감사하며 사는 사람이다'『탈무드』에 나오는 이 말을 평생 곁에 두고 수시로 떠올렸다. '가장 유능한 사람은 배움에 가장 힘쓰는 사람이다'라는 괴테의 말처럼 뭔가에 도전하는 것 자체가 행복이다. 그렇게 처음 도전한 '참여문학' 시 부문 등단은 '나도 할 수 있다'라는 강력한 메시지를 던졌다. 지혜와 행복을 한꺼번에 품었으니 또 다른 '도전 거리'를 찾았다. 군인 가족으로 잦은 이사 때문에라도 그동안 제약이 많았다. 부대 내 모임도 잦았고 계급 높은 사모님들의 호출도 많았다. 군대는 계급 사회이다 보니 갑질이 심했다. 요즘은 있을 수 없는 일이지만 그때는 그랬다. 오죽하면 '남편이 중령이면 부인은 대령이다'라는 말까지 생겼을까. 진급 대상자의 평점과 서열이 똑같으면 부인이나 가족을 보고 평가한다는 말이 공공연히 나돌았다. 말도 많고 탈도 많았다. 부득이 도전을 포기할 수밖에 없었다.

"해봤어?"

세상에서 가장 행복한 사람, 장복순. 매일 새로운 마음으로 지혜롭게 배우고 새롭게 감사할 줄 아는 사람, 장복순. 경험으로 배우는 일상이 나를 성장시키는 원동력임을 아는 장복순. 고 정주영 회장의 어록을 퍼뜩 떠올리며 '배우려는 시도는 해봤는가?'라는 물음이 나를 무작정 끌어당겼다. 언제까지 주저앉아 있을 수만은 없었다. 때마침 퇴촌 농협에서 '주부대학'을 개설했다. 서류를 제출하고 주부대학 3기로 입학했다. 매주 수요일 오전 수업이 있었다. 인문학, 웃음 치료, 원예 수업 등의 시간표가 알차게 짜였다.

많은 과목 중 특별히 인상적이었던 수업은 대한민국 명강사 21호 서필환 강사와 웃음치료사 권영복 강사의 수업이었다. 좌중을 들었다 놨다 설레게 했다. 권영복 강사는 3행시로 자신의 이름을 각인시켰다. "권투는 영어로 복싱이다." 명쾌한 3행시다. 사람들에게 꿈을 심어주는 멋진 강사라고 마음속으로 끊임없이 중얼거렸다. 언젠가 저분들 정도면 나도 강의할 수 있겠다는 배짱도 생겼다. 수업을 마친 서필환 강사가 '질문하세요'라고 말하기 무섭게 나는 질문을 날렸다. "어떻게 해야 강사가 될 수 있습니까?" 한편, 권영복 강사에게는 웃음치료사가 되는 길을 물었다. 명함을 주었고 궁금하면 언제든지 전화하거나 문자를 남기라며 사기를 북돋웠다. 이제 '나의 꿈 사전' 목록에 강사와 웃음치료사가 추가되었다.

‘주부대학’ 졸업 1년 후 서필환 강사가 전화로 연락을 주었다. 강사가 되고 싶은 내게 딱 맞다며 고려대 ‘최고 명강사 과정’을 추천했다. ‘최고 명강사 과정’ 책임교수라며 적극적으로 권했다. 말은 고마웠지만 걱정이 앞섰다. 강의는 아무나 하나. 좌중 앞에 서려면 공부를 해야지. 강의하고 싶다는 마음만 앞섰지 구체적인 방법을 몰랐다. 하지만 문 앞까지 왔는데 발길을 돌릴 장복순이 아니었다.

호기심이 발동해 전화를 걸어 궁금한 점을 밝히자 3기 과정에 오면 된다며 환영한다며 다독였다. 등록비가 한두 푼도 아니고. 잠시 망설였다. 까짓거 곧바로 결정하고 ‘최고 명강사 과정’에 등록했다. 배움을 위한 투자는 행복 그 자체다. 1박 2일 오리엔테이션을 시작으로 매주 화요일 훌륭한 교수들이 강의 기술을 가르쳤다. ‘잔디와 소풍’ 대표 김인식 교수를 비롯해 『강사로 산다는 것』의 저자 강래경 교수, 『잘 나가는 공무원은 어떻게 다른가』의 저자 이보규 교수, 유준형, 홍웅식 교수 등 강사계의 큰 별들을 만났다.

이제 마이크가 보이면 은근슬쩍 들이대고 싶다. 3분 스피치, 10분 스피치. 마이크는 어떻게 드는지. 목소리 톤부터 인사법까지 알토란같은 강의 기술을 배웠다. 2기 선배이자 공저 지도교수 김도운 작가로부터 공저 쓰기를 배우며 『명강사 25시』를 출간하는 기쁨도 누렸다. 과정 중 5기 후배이자 평생지기 김순복 ‘한국 강사교육진흥원’ 원장을 만났다. 내 이름은 복순, 후배 이름은 순복. 나는 ‘열정과 긍정’을 강조했고 후배는 ‘긍정과 열정’을 강조했다. 앞뒤를 뒤집으면 똑같은 신기한 인연이었다. 인연은 또 다른 인연을 불렀다. 숫자 3에 깊은 인연이 들었다. 3월 1일 제주도 봉사활동을 갔다. ‘전원교회’ 주최로 ‘몸맘 만들기' 대표이자 『몸맘 살리기』의 저자인 동생 장길표 목사와 김미화 권사 등 12명이 함께 했다. 성산 일출봉 근처 노인복지회관과 이도에서 어르신들 세족식을 해드리고 마사지 봉사도 했다.

한 명 한 명의 동행은 큰 감동을 준다. 어르신을 등에 업고 춤추고 노래 부르며 흥겨운 일정을 보냈다. 막간을 이용해 고스톱 화투도 함께 즐겼다. 어디서 이런 호강을 해보겠냐며 행복한 웃음을 짓던 어르신들. 눈물까지 글썽이며 두 손 꼭 잡아주던 제주 이도 차옥선 어르신이 기억에 남는다. 그때 머문 숙소는 333호실이었다. 다음날 귀경일은 3월 3일이었고 대한항공 좌석 번호는 33번이었다. 고려대 '최고 명강사' 과정도 3기였다. 일부러 맞추려고 해도 힘든 우연의 연속이었다.

인생의 2막을 멋지게 살 수 있는 훌륭한 명강사로 충분히 동기부여가 되었다. 금융감독원에서 근무하는 3기 동기 강상원, '파인땡큐' 대표 도미라, 성문옥, 원윤경, 전용석, 홍성숙 교장은 명강사 과정이 없었다면 만날 수 없는 소중한 인연이었다. 3기 홍보위원장직을 맡은 나는 후배 오리엔테이션에 참석해 1박 모든 일정을 함께 하며 격려했다.

수료식에 앞서 명강사 경연 대회가 열렸다. 스카프로 각설이 분장을 하고 얼굴을 가린 채 앞 좌석에 앉아 있다가 무대 위에 '짠' 나타나자 장내에 폭소가 터졌다. 노래 '백 세 인생'의 '70세에 저세상에서 날 데리러 오거든 할 일이 아직 남아 못 간다고 전해라'를 곁들여 맛깔나게 불렀다. 자랑스럽게도 인기상을 탔다. 각설이 분장을 하고 과감히 어르신들 앞에서 강의를 선보인 덕분이다. 여고 시절 응원단장과 학도호국단 간부 경험이 한몫했다. '물 만난 고기'처럼 신바람이 났다.

명강사 과정을 마치자 이제 나도 강의를 잘할 수 있다는 자신감이 생겼다. 때맞춰 강의 의뢰가 들어왔다. 장애인 앞에서 강의해줄 수 있냐는 문의 전화에 무조건 하겠다고 대답했다. 담당자에게 '웃음 치료 어때요?'라고 전화했더니 강사 재량에 맡긴다며 걱정을 덜어주었다. 강의 경험이 많은 선배들의 피드백을 받아가며 살뜰히 준비했다.

약속 날짜에 맞춰 송파구 장애인복지회관에 도착했다. 당시 송파구 시의원이던 성화 친구가 꽃을 사 들고 응원차 들렀다. 강당 무대에 올라가 "여러분 안녕하세요? 반갑습니다!" 깍듯이 배꼽 인사부터 드렸다. 예상 밖으로 좌중은 뜨거웠다. "여러분 좋아하는 노래 있나요?" "소양강 처녀요." "울고 넘는 박달재요." 노래 몇 곡의 제목이 쏟아졌다. 박수 세 번 시작, 짝짝짝. 박수 세 번, 하나 빼고 시작, 짝짝. "손뼉 안 치시는 분 다 보입니다."

그 순간 '아차' 생각했다. 자신감 넘치는 건 좋지만 너무 지나쳤다. 한 손이 없는 분, 다리가 불편해 휠체어 탄 분, 시각장애인, 몸 이곳저곳이 불편한 분들임을 순간적으로 알아차렸다. 초보 강사에게 위기의 순간이었다. 좋은 분위기가 자칫 위험에 빠질 수 있는 순간이었다. '어떻게 벗어날까?' 가슴이 쿵쾅거렸다. "손으로 무릎을 치거나 가슴과 배를 살살 두드리세요." 찌개 박수, "지글지글 짝짝 보글보글 짝짝!" 춘향이 박수, "춘향아 춘향아 짝짝! 몰라요 몰라요 짝짝!" "춘향이 짝! 몰라요 짝! 춘향이 몰라요 짝짝!" 간단한 멘트를 날리며 노래와 춤까지 추었다.

처질 뻔한 분위기를 가뿐히 끌어올렸다. “비 내리는 호남선 남행열차에.” 주특기인 쟁반춤을 추며 함께 했다. 뒤에서 신나게 춤추는 20대 젊은이가 눈에 띄었다. “거기 뒤 남자분, 앞으로 나오세요. 겉보기엔 정상인처럼 보였지만 지적장애가 있는 낙천적인 성격의 청년이었다. 장애인이라는 편견을 버리고 모두 즐거운 시간을 보냈다. 퀴즈를 맞힌 사람에게 내 첫 시집 『그리움 0516』을 선물로 드렸다. 신나게 춤춘 청년에게도 시집을 전했다. 최연장자에게도 드렸고 중증장애인 분에게도 드렸다. 가져간 시집 다섯 권을 모두 나누어 드렸다. 휠체어를 탄 남자분이 받은 시집으로 즉석에서 시 낭송을 하면 어떻겠냐고 물었다. 좋은 생각이어서 ‘저야 영광이죠’라고 대답했다. 시 ‘그리움’을 낭송하고 앙코르 요청을 받아 한 편 더 낭송했다. 나도 모르게 감동해 돌아서서 눈물을 훔쳤다. 마치고 다함께 점심을 먹었다. 담당자가 “강의를 너무 잘해주셔서 감사합니다. 또 오실 수 있나요?”라고 묻자 “불러만 주시면 언제든 달려오겠습니다.” 주저하지 않고 흔쾌히 수락했다. 그들에게 행복을 심어주었고 그들로부터 기쁨을 받은 뜻깊은 시간이었다.

아무리 가까운 길도 가지 않으면 도달하지 못하고 아무리 쉬운 일도 하지 않으면 이루지 못한다. 채근담이 내게 일러준 방법이다. 아무리 쉬운 일도 도전하지 않으면 이룰 수 없다. 강사라는 꿈에 도전한 것은 가슴 뛰는 즐거운 일이다. 새로운 도전에 힘쓴 결과다. 도전이 새로움을 만났고 새로움이 도전을 알아본 노력이었다.

05

먹구름 뒤에서는 반드시 햇빛이 난다

봄날이 좋다. 꽃이 피어서. 여름날이 좋다. 수박 생각이 나서. 가을날이 좋다. 안 먹어도 배불러서. 겨울날이 좋다. 눈발이 예뻐서. 빛나면 어떻고 바람 불면 어때. 비 내리면 개운해 좋고 구름이 몰려들면 건듯해 사뿐하다. 그럴 만한 이유가 있겠지. 일어날 일이 일어난 거다. 호들갑 떤다고 막을 수도 없고 달라지지도 않는다. 그렇다면 아예 처음부터 마음을 곱게 먹어야 한다. 막상 안달할 일도 들볶을 일도 대수로운 일도 아니다.

차 사고 이후 다니던 회사로 남편은 곧바로 복귀하지 못했다. 휴식기가 필요했다. 몸 상태가 호전되자 운동을 권했다. 순천고 동창 성욱 씨의 사무실이 상도동이어서 가끔 만나 차를 마시며 세상 돌아가는 이야기를 나누었다. 친구가 골프를 하는데 '운동량'이 많다며 기초부터 배워보라는 그의 제안을 받아들였다. 성욱 씨가 소개한 코치에게서 골프를 배웠다. 골프채는 어렵지 않게 구했다. 방배동 건축감리사 현장소장으로 근무하던 시절 유명 연예인 L 씨의 건물을 지어주었는데 본인은 골프채가 많다며 선물로 주었다.

실력이 일취월장하자 필드에 나가고 싶어 안달이 났다. 속 보이게 안 도와줘도 되는 집안일을 애써 도와주며 온갖 애교를 떨었다. 평소 다림질은 도맡아 해줬는데 그때는 다릴 게 있으면 다 가져오라고 했다. 그런 데는 그만한 특별한 '사연'이 있음을 왜 모를까. 전에 군복 바지를 다릴 때 바지 앞에 잡힌 줄을 여러 개나 만들었다며 그 후로 그는 아예 다림질을 못 하게 했다. 못 이긴 척 건전한 운동이니 흔쾌히 다녀오라고 허락했다.

'남편은 필드에 가고 집에서 나는 뭐하지?' 머릿속에 생각이 많아졌다. 남편 병간호하느라 덩달아 백수 전업주부가 된 시점이었다. 다시 원점으로 돌아왔다. 뭘 할까? 무슨 일을 해야 할까? 매사 긍정적이고 만고강산이지만 애들 앞날을 생각하니 마냥 손만 놓고 있을 수는 없었다. "붕어빵 장수 어때?" '장사할까?' 속으로 묻고 머리로도 물었다. '애들이 아직 어리니 동네 근처에서 붕어빵 장사를 하자. 장소는 어디가 좋을까?' 이 궁리 저 궁리 별의별 생각 끝에 장소는 약수터 현대맨션 코너 길이 적합하다는 결론을 내렸다.

행동 개시. 실시. 왕십리 둘째 형님 집 옆에 붕어빵 굽는 기계를 주문 제작하는 가게가 있다고 들었다. 남편에게 말하면 반대할 게 불 보듯 뻔하니 일단 비밀로 했다. 속전속결. 며칠 후 혼자 왕십리에 가 붕어빵 기계에 예약금 3만 원을 걸고 왔다. 일단 저지르고 보자는 심산이었다. 사고 잘 날 없는 집에 귀신도 모를 일을 어떻게 알아냈는지. "나 아직 안 죽었다." 아니나 다를까. 집에서 애들이나 잘 키우지 무슨 붕어빵 장사냐며 남편은 발끈했다. 밥 굶기지도 않는데 왜 그러냐며 성화였다. 까칠하기 짝이 없는 B형 꼬마 신랑 때문에 헛수고하고 괜히 예약금 3만 원만 날렸다.

두세 달 지나 건강이 회복되자 기운이 되살아난 모양이다. 군 재직 때는 꽤 유능하고 용감한 군인이었다. 소령으로 예편해 막상 사회에 나오니 세상 물정 모르는 어린애 같았다. 경험 없는 일을 하자니 처음부터 이리 부딪히고 저리 휘둘렸다. 그러다가 논현동에 'NC 코리아'라는 상호로 프랜차이즈 가게를 열었다. 당시는 ○○ 프랜차이즈가 유행하던 때였다. 기세 좋게 열었지만 예상과 달리 가게는 먼지만 잠재우고 있었다. 보다 못해 나라도 현장에 뛰어들어야 했다. 아이 셋을 키우는 엄마는 그냥 용감해야 했다. 액세서리 물건을 화장품 가방에 넣고 선릉역 근처 성담빌딩 내 삼성생명 문을 두드렸다. '두드려라, 열리리라.' 당시는 보험 계약자에게 줄 선물로 액세서리가 인기였다.

틈새시장을 노린 전략은 적중했다. 일단 눈도장부터 찍고 최대한 상냥하게 목소리를 올렸다. "안녕하세요. 좋은 하루 되세요." 꾸벅꾸벅 연신 인사만 해댔다. 시작이 반이다. 시작한 지 1주일이 지나고 2주일이 지나자 신호가 왔다. 내게 관심을 보이기 시작했다. "내일 10개가 필요하니 일단 열 개를 갖다 주세요." 쾌재를 불렀다. 주문이 느는 듯하더니 이내 주문량 받아적기도 바빠졌다.

세를 넓혀 성담빌딩 근처 금융플라자에까지 진출할 기회를 호시탐탐 노렸다. 지금까지 혼자만 기세등등했을까. 입구에서부터 보기 좋게 '퇴짜'를 맞았다. 잡상인 취급 받으며 경비 아저씨로부터 출입 제지를 받았다. 엘리베이터를 타고 윗층으로 올라가 보지도 못하고 멀뚱멀뚱 건물만 올려다보았다. 정한 목표가 있으니 한 달 동안 빌딩 바라기처럼 오가기만 했다. "팀장님 아니세요?" 꾀를 냈다. 건물 안으로 들어서는 한 분 곁으로 바짝 다가섰다. "팀장님이시죠?" 물었더니 맞단다. 척하면 삼천리다. 옷차림만 봐도 직급 느낌이 팍 온다. 미리 포장해간 브로치 선물을 전달하고 그동안의 일을 설명했다. 여차저차해서 경비아저씨가 못 들어가게 하니 1층 경비실에서 찾는다고 하면 '아는 사람이니 올려보내세요'라고만 말해달라고 부탁했다.

그 사건 이후 날개를 달고 성담빌딩에서 금융플라자로 내 집 드나들 듯하며 쏠쏠한 매출을 올렸다. 이내 근처 기업은행으로도 영역을 넓혔다. 은행 마감시간에 가면 바쁜 그들에게 약효 직방이다. 결혼기념일인데 아내 선물을 살 시간이 없어 발을 동동 구르는 남편들에게 구세주로 통했다. 만난 지 얼마, 데이트한 지 얼마인데 뭘 할지 몰라 고민을 읊조리면 그 자리에서 바로 들이대 해결해주었다. 주문한 물건을 전해주고 이리저리 뛰다 보면 점심 먹을 장소가 마땅치 않았다. 오르내리다가 화장실이 보이면 후다닥 뛰어들어 둘둘 말린 김밥을 잽싸게 목구멍에 밀어 넣었다. 잠에 밀려 혹시 새벽시장에 못 갈까 봐, 그날 주문치를 못 전할까 봐 바쁜 일정으로 하루하루를 맞았다.

이렇게 열심히 뛰어다니다 보니 대한생명 본사에서 천만 원어치 상품 주문이 들어왔다. 보험 시상식에서 쓸 거라며 한 개씩 낱개 포장을 요청했다. 유리, 유정이와 함께 밤늦게까지 포장했다. 얼마나 즐겁던지 전혀 힘들지 않았다. 힘들기는커녕 신이 났다. 매일 예약을 받았고 매출은 눈에 띄게 늘어갔다. 시어머님을 모시고 여행가고 싶어하던 남편에게 카니발 자동차를 선물했다.

“괜찮아. 다 괜찮아.”

그토록 고민 많던 장복순. 너는 지금도 잘살고 있다고. 아직도 씩씩하게 내게 주문을 건다. “행복해하는 모습만 떠올리면 좋겠어. 네가 행복해야 네 안에 깃들어 사는 나도 행복하거든. 행복이 뭔지 잘 알거야. 꿈을 기억하며 하고 싶은 ‘일’을 하는 게 나를 기쁘게 하는 최고의 방법이거든. 모든 일을 순조롭게 지나왔으니 힘들어도 가뿐한 마음으로 건너와 줘. 그게 내가 네게 이르는 길. 네가 내게 다다르는 길이야.” ‘먹구름 뒤에서는 반드시 햇빛이 난다’라는 격언은 만고불변의 진리다.

06

꿈쟁이, 끼쟁이, 푼수쟁이

"복순아, 학교 가야지! 뭘 꾸물거려? 학교 늦었는데."

너무 피곤해 늦잠 잤나 보다. 부스스한 모습으로 책보자기를 허리춤에 묶고 달음박질쳤다. 아직 꿈에서 덜 깬 듯 비몽사몽 허둥댔다. 동네를 지날 때 집집마다 감나무의 감꽃 향기가 콧등에 스쳤다. 논길을 지나가는데 삘기 꽃이 바람에 일렁였다. 못자리에는 송화가루가 떠 있고 바람 따라 너불너불 춤추었다. '내가 지각해서인가?' 어찌 된 영문인지 학교에 가는 학생들이 한 명도 안 보였다. 교문에 도착하고 나서야 지각이 아님을 알아차렸다. 경비실 아저씨가 '학생! 무슨 일이야?'라며 바라보았다. '아뿔싸! 늦잠이 아니라 낮잠을 잤구나' 나 외에도 이런 경험을 했을 것이다.

학교에 한 학부모가 찾아와 첫째 아들 종철, 둘째 또철, 셋째 막철을 마구 불렀단다. "종철아!" 부르니 쉬는 시간도 아닌데 종을 쳤다. 종철이를 부르던 그분은 "또철아!" 불렀다. 마지막에 "막철아!" 부르니 경비 아저씨는 졸고 있다가 종 치고 또 치고 마구 쳤다는 옛날 개그가 생각난다. "복순아! 너 다리 밑에서 주워왔대. 여기 엄마는 네 엄마가 아냐." 언니 오빠들이 놀리면 진짜 엄마가 나를 다리 밑에 버리고 간 줄 알고 대성통곡했다. 그렇게 딱 한 번만 울린 게 아니라 심심할 때마다 놀려 눈물로 넘쳐났다. 너무 서럽게 우는 나를 보고 언니 오빠들이 그렇게 재미있게 놀렸다는 것을 어느 정도 철이 들고 나서야 알았다. 그때는 그랬다.

이번 에피소드는 책보자기 무늬가 똑같아 생긴 사고다. 초등학교 5학년 때 짝꿍이던 준기가 내 책 보따리를 바꿔갔다. 집에 와 숙제하려고 보니 책과 필통에 '이준기'라는 이름이 적혀 있었다. '이를 어쩌지?' 우리 집에서 준기네 동네인 대방마을까지는 마을을 몇 개나 지나야 하는 먼 거리였다. 내성적이었다면 다음날 학교에 가 받으면 된다. 책 보따리가 바뀌어 숙제를 못 했다고 선생님께 말하면 그만이다. 성격은 좀처럼 바뀌지 않는다는 특성이 있다. 행동대장, 명랑 소녀였던 나는 묻고 또 물어 기어이 준기가 사는 마을에 도착했다. 마을 사람에게 물으니 저 꼭대기 집 아랫집이 준기가 사는 이장로 댁이란다. "준기야! 내 책보자기 줘." "뭐? 이 가시내가!" 씩씩대며 마당으로 들어서 내질렀더니 적반하장이라며 뚱하게 말하는 준기에게 목소리를 높였다. "이것 봐. 바뀌었잖아?" 책보자기를 펼쳐 보이자 그제서야 방에서 내 책보자기를 꺼내와 "우씨! 가져가." 퉁명스럽게 말했다. 짝꿍 준기도 우등생이었다. 정박신 담임 선생님은 자리 배치를 성적순으로 했다.

우연인지 훗날 준기도 등단 시인이 되었다. 감수성이 남달랐던 나는 '호남예술제'에 출품한 글짓기로 최우수상을 받았고 백일장에 나가서도 상을 휩쓸었다. 그림에도 꽤 재능을 보여 사생 대회에서도 상을 탔다. 밴드부에서는 심벌즈를 맡았다. 꼬마 신랑이 학교 대표 축구선수로 시합에 나가면 밴드부 일원으로 응원하러 갔다. 그곳은 꿈쟁이 유년 시절 꿈의 터전이었다. "어허, 복실아! 춤 한 번 춰봐라." "허허, 복돌아! 학교에서 배운 피리 한 번 불어봐라." 어린 시절 내 별명을 불러가며 '구구단 외워봐라'라는 등 온갖 주문을 외쳤다. 작은 집에서든 우리 집에서든 한가득 웃음을 몰고 다닌 나는 기쁨 덩어리였다.

세 살 때 작은할아버지 집에 당숙모가 시집을 왔다. 신부를 따라온 대반이 신부 옆에 앉아 신부에게 음식을 권했다. 부끄러워 살포시 고개 돌리는 모습이 어린 내게 인상적이었는지 나는 신부 모습을 흉내 내곤 했다. 마을에 소문이 났고 동네 분들은 나만 보면 "복순아! 신부가 어쩌더냐?" 물어왔다. 신부의 행동을 그대로 흉내 내면 동네 사람들은 배꼽을 잡으며 "아야! 한 번만 더 해봐라." 박장대소하며 즐거워했다. 두 살 터울 남동생이 있으니 매일 집에 있느니 작은집 당숙모에게 가 살다시피했다. 훗날 어른이 되어 당숙모님께 "그때는 제가 철이 없어 당숙모를 힘들게 했네요. 죄송해요." 말씀드렸더니 뜻밖의 말을 건넸다. 타지로 시집와 고된 시집살이에 나를 보며 웃을 수 있었고 전혀 힘들지 않았다고.

운동회 때마다 달리기에서 1~2등을 했다. 여고 시절에는 응원단장을 하며 끼를 발산했다. 체육 시간에는 실기시험으로 줄넘기를 했다. "전체 뛰어!" 체육 선생님의 구령이 떨어지면 우리 반 학생 전체가 줄넘기를 시작했다. 첫 번째 떨어진 10명, 두 번째 떨어진 10명 이런 식으로 나누었는데 근성 있는 나는 끝까지 버텼다. 반에서 맨 마지막까지 남은 사람은 나였다. 얼마나 집중했던지 계속 줄넘기했나 보다. 급기야 "야, 인마! 장복순! 그만해." 최규영 체육 선생님은 그렇게 불렀다. 4월 1일 만우절에 전교생을 속였던 선생님. "오늘 애국 조회가 있으니 전교생은 운동장으로 나와주세요." 그날은 월요일이 아닌 수요일이었는데. 그 시절로 돌아갈 수 없으니 선생님이 더 그립고 보고 싶다.

크리스마스 무렵 교회에 다니는 친구 인아가 교회로 나를 초대했다. 때마침 성극 연습 중이었다. 선배 정삼 오빠가 "여관집 주인 역을 맡아달라." 부탁했다. 배역을 맡은 사람이 불참했단다. 마리아 역도 아니고 여관집 주인 역이라니. 그래도 재미있을 것 같아 흔쾌히 수락했다. 성극하는 선배들이 처음 하는데 잘한다며 소쿠리 비행기를 태웠다. 하다 보니 연극배우라도 된 듯 자아도취에 빠졌다. 여관집 배역을 처음 맡았던 선배가 왔는데 내가 워낙 열심히 하자 역할을 내게 양보해주어 크리스마스 이브날 무대에 올라 연기했다. 동네 콩쿠르 대회에서는 노래를 불러 냄비를 부상으로 받았다. 끼쟁이 싹수가 보였다.

"유리야! 유정아! 내 사랑. 저기 노을 봐봐. 우와! 너무 아름답지 않니? 이 꽃 봐봐. 정말 예쁘지?" 맛있는 음식을 먹을 때도 리액션이 끝내준다. 수다쟁이, 푼수쟁이 엄마는 아이들보다 더 들떠 야단법석이다. 애들은 처음에는 반응을 보이다가 금방 시들해진다. 엄마의 호들갑을 하루 이틀 본 것도 아니고 정신연령이 극히 낮은 엄마는 그래도 멈추지 않는다.

영종도 바닷가로 3박 4일 휴가를 떠났다. 시어머님을 모시고 갔는데 조개도 잡고 꽃게도 잡고 수영하며 너무너무 재미있어 휴가가 끝났는데도 남편은 그곳에서 이틀이나 더 출·퇴근했다. 동심으로 돌아가 아이들 눈높이에서 바닷가 백사장에 그림을 그리고 모래성을 쌓았다. 시어머님도 굴을 따고 조개를 캐며 행복해하셨다. 행복했던 시절을 회상하면 즐겁다. 어머님은 가끔 그때 바닷가 추억을 떠올리며 좋았다고 말씀하신다. 내 보물 1호 유리, 유정, 환룡이도 그때는 엄마의 행동이 넘치는 듯 보였는데 성인이 되어 힘든 사회생활을 하다 보니 "엄마의 유쾌한 행동이 힘이 되었다."라고 말해주었다.

꿈의 크기는 각자 모두 다르지만 꿈의 가치는 누구에게나 소중하고 동일하다. 가치를 아는 꿈쟁이! 모두의 행복을 위해 끼를 방출하는 끼쟁이! 때로는 주위 사람들에게 웃음을 선물하려고 망가질 줄도 아는 자칭 푼수쟁이! 꿈과 끼를 마음껏 발산하고 더불어 푼수처럼 행동하면 행복은 켜켜이 쌓여간다.

07

인생에서 파도는 누구에게나 있다

삶에 정답은 없지만 순리는 있다. 살아오면서 살아내다 보니 깨달았다. 누가 일러주지 않아도 저절로 알게 되는 순간이 온다. 세상일이 지식으로 앎으로만 통한다면 죽을 만큼 책만 읽고 포털 지식인에게 물어댔겠지. 그게 전부가 아님을 안다. 세상에는 노력해 되는 일이 있고 노력해도 안 되는 일이 있다. 안 되는 일을 억지로 악다구니로 꿰맞추려고 들면 힘만 더 들 뿐이다. 그럴 때는 그냥 내버려 두어야 한다. 저절로 흘러가도록 놔두는 것이 맞다. 그것을 순리라고 부른다. 나로서도 감당하기 버거운 거대한 흐름에 잠시 맡겨 두면 순리를 따르게 되고 흐름을 거스르려고 들면 오히려 망치기 쉽다.

막내가 중학교 2학년 새 학기 때 퇴촌으로 이사했다. 대한민국 중2가 어떤 존재인가. 우리나라 중2 학생들 때문에 북한에서도 감히 쳐들어올 엄두를 못 낸다고 하지 않는가. 질풍노도의 기운이 뻗칠 대로 뻗칠 시기다. 군인 가족이어서 이사가 많았던 우리 가족. 잦은 이사까지 스무 번이 넘어 내심 힘들 만도 한데 나보다 막내가 더 걱정되었다. 전학 첫날부터 집에 오자마자 전에 다니던 조양중학교로 다시 가면 안 되냐며 울먹였다. 가슴이 철렁했다. "내 사랑! 왜?" 하교하고 돌아온 막내의 등교 첫날 동정이 궁금해 애써 표정 관리를 하며 감싸 안았다.

"담배 필 줄 아냐?"

간신히 입을 뗀 막내의 이야기 끝에 황당하고 엉뚱한 내용이 이어졌다. 학교에서 친구가 대뜸 그런 말을 꺼냈단다. 전학 첫날이어서 낯설고 서먹서먹하고 어색했을 텐데 생뚱맞은 질문에 꽤 속상했나 보다. 들어줄 수 있는 부탁도 아니고 별다른 해결책도 없어 듣는 엄마의 마음도 답답했다. 막내로 자라 구김살 없고 늘 밝고 씩씩했는데 이런 일이 생기니 엄마 탓인 것만 같아 가슴이 먹먹했다. 한창 예민한 나이에 부모가 이혼했으니. 물론 서류상 이혼이지만 상처를 준 것 같아 죄인이 된 심정이었다. 어릴 때부터 아이답지 않게 심부름이든 무슨 일이든 엄마 일이라면 마다하지 않고 듬직한 버팀목이 되어준 막내였다.

갑자기 돌변한 사춘기 소년. 어떻게 대해야 할까. 생소해 그저 난감하기만 했다. 전학오기 전 조양중학교에서는 학교 대표로 뽑혀 파주 영어마을로 한 달 연수까지 다녀왔다. 전교 1등을 꿈꾸던 막내가 졸업할 때가 되자 학업에 점점 흥미를 잃어 걱정이었다. 행복은 성적순이 아니라지만 막내가 마음을 다쳐서인지 엄마로서 걱정이 앞섰다.

둘째 유정이가 사춘기 때 까칠해 "누나는 왜 저래요?" 되묻던 막내였다. "사춘기여서 그렇단다. 네가 이해해줘." 당시 저렇게 까칠한 사춘기는 사양한다던 막내는 셋 중 가장 심한 사춘기 앓이를 겪었다. 까칠한 이유 중 '엄마는 화를 안 내니까'라고 대답해 더 화난다는 둥 세탁한 옷가지에서 냄새가 난다는 둥 늦잠이 많아졌고 그때그때 수시로 기분이 홱홱 달라졌다. 이런 일들이 비일비재하니 나도 모르게 눈치를 보게 되었다.

"무슨 방법이 있겠지. 있을 거야." 아무리 방법을 찾아봐도 뾰족한 방법은 없고 매일 살얼음판 위에 서 있는 기분이었다. 삶은 호락호락 어디 내 마음대로 되던가. 내 아이의 사춘기도 내 마음과는 동떨어져 버거웠다. 이것도 엄마가 현명하게 풀어야 할 숙제로 받아들였다. 엄마의 속마음은 '너만 힘든 게 아니라 엄마는 더 힘들어'라고 외치고 싶었다. 뭔가 돌파구가 필요했다. '공부하는 엄마가 되자.'

오프라 윈프리는 자신의 아픈 과거 경험을 인생의 자양분 삼아 토크쇼의 여왕이 되었다. 2013년 『포브스』 선정 '세계에서 가장 영향력 있는 유명 인사 100인'의 한 명으로 오프라 윈프리를 선정해 영광을 안겼다. 어린 시절 지독한 가난과 아픔의 세월에도 좌절하지 않은 그녀였다. 부모의 이혼으로 한부모 가정이 되었고 성적 학대를 당해 미혼모가 되었다. 감당하기 힘든 고통을 독서와 기도로 극복했다. 오프라 윈프리 이야기를 막내에게 들려주었다. 교훈 삼아 잘 자라주길 바라는 엄마의 마음 아니었을까.

사회복지사 2급에 도전장을 냈다. 아들과 함께 공부하는 엄마가 되겠다고 선언했다. 하루하루가 바빴다. 등교시키고 돌아서자마자 학습 모드로 돌입했다. 며칠 후 때마침 새 학기여서 학부모 회장을 뽑는다는 유인물을 가져왔다. 학부모 회장 입후보자는 교무실로 이력서를 제출하란다. 주저할 게 있나.

다음날 곧바로 제출했다. 나를 포함해 도전한 학부모는 다섯 명이었다. 당시만 해도 학부모 회장을 맡으려면 어느 정도 재력이 뒷받침되어야 후보 명단에 명함을 낼 수 있었다. 남편 없이 '홀로 서기'하며 빈손으로 새 인생을 개척하던 나는 한 치의 망설임도 없이 과감히 출사표를 던졌다. 당연히 목표는 당선이었다. 학교를 위해 학생들을 위해 이 한 몸 희생해 뭔가를 보여주고 싶었다.

드디어 학부모 회장 선거일이 되었다. 제비뽑기로 유세 순번을 정했다. 운명적인 순간 내가 첫 번째로 뽑히는 행운을 잡았다. 주사위는 던져졌다. 멍석 깔아주면 잘할 자신감이 생긴다. 무엇이 두려우랴. 강단에 올라가 정중히 배꼽 인사를 하고 심호흡 한 번 하고 위풍당당히 나를 알렸다. "기호 1번 2학년 황환룡 학생 어머니 흑진주 시인 장복순입니다. 저를 학부모 회장으로 뽑아주시면 1년 동안 광수중학교를 위해 학생들을 위해 신발이 닳도록 열심히 뛰겠습니다. 우리가 사는 세상에는 세 가지 소금이 필요한데 여러 학부모님이 아시다시피 황금, 소금, 지금입니다. 지금 저를 학부모 회장으로 뽑아주신다면 최선을 다해 일하겠습니다." 좌중은 시인이라는 말에 웅성웅성 술렁거렸다. 준비한 내용의 PR 문구가 입에 모터를 단 듯 막힘없이 술술 나왔다.

연설이 끝나자마자 믿기 어려운 희한한 일이 벌어졌다. 후보자 네 명이 "지금 연설하신 1번이 회장님 하시면 잘하시겠네요." 동시에 터져 나왔다. 일순간 좌중에서 우레와 같은 함성과 박수 소리가 났다. 졸지에 만장일치로 학부모 회장에 뽑혔다.

그해 교장은 초빙 교장으로 온 장재근 교장선생님이었다. 무슨 일이든 아낌없이 지원해 주시겠다고 했다. 열정도 남달랐다. 걸맞게 교육청에서 하는 교육에 한 번도 빠짐없이 참석했다. 학부모 회의에서 제기된 안건도 꼼꼼히 살펴 신중히 결정했다. 그해 학부모 의장단에서 '학부모 순찰단'을 만들어 학교 뒤뜰 으슥한 곳에 모여 담배를 피우는 학생들을 선도했다. 학교 운동장 앞뜰에는 '스쿨 팜'을 만들어 학생들이 손수 딸기나 토마토 등의 농작물을 심어 수확해 간식으로 먹게 했다.

또한, '아버지 학교'를 결성해 아버지들도 학교 일에 관심을 갖도록 유도했다. '가나다 봉사단'을 만들어 한부모 가정 학생들을 도왔다. 바자회를 열어 '아나바다(아껴 쓰고 나눠 쓰고 바꿔 쓰고 다 함께 한다)' 운동도 실천했다. 물건에 저렴한 가격을 매겨 용돈을 경제적으로 쓰는 방법을 몸에 익히게 했다.

각 마을의 '이장단 모임'을 결성해 학교 가을 운동회 때 학부모는 물론 마을 주민과 '아버지 학교' 회원인 아버지들도 참석하자 한결 분위기가 좋아져 축제의 한마당이 되었다. 운동회 때도 바자회 못지않게 음료수, 떡볶이, 어묵, 부침개 등을 판매한 수익금으로 학생들 학용품을 사고 학교에 장학금도 후원했다. '이장단 모임'에서는 학교 일에 자신들의 집안일처럼 동참해 주었다. 아이 한 명을 키우려면 한 개 마을이 동참해야 한다.

많은 일이 이렇게 좋은 결과를 만들었다. 그해 광수중학교는 '혁신학교'로 선정되어 다른 중학교에서 '학교'를 배우러 시찰 올 정도로 빛났다. 뜨거웠다. 그 덕분에 나는 학부모 대표로 공로상을 받았다. 내가 잘해 상을 받은 게 결코 아니다. 학교 발전을 위해 밤낮 가리지 않고 희생한 교장님과 선생님, 학부모 덕분임을 안다. 공로상은 내가 받았지만 그분들 몫이다.

문제가 생기면 피하지 않고 문제를 마주했다. 도망가지 않았다. 피하기보다 맞서보자는 마음이 컸다. 순리에 올라타는 순간 막혔던 일이 물 흐르듯 술술 풀렸다. 예나 지금이나 물은 흐르기 마련이고 내 앞에 몰아치던 파도도 나지막한 물소리를 내며 흐른다. 아이도 웃었고 학교도 웃었고 내 마음속 물소리도 웃었다.

08

파도가 잠잠하면 풍어를 거둘 수 없다

바다. 어린 시절 산골 소녀이던 내게 '바다'는 그저 막연한 동경의 대상이었다. 작은 오빠가 들려준 『안데르센 동화』에 나오는 인어공주 이야기는 몇 번을 들어도 신비롭고 재미있었다. 사춘기 시절 뉴질랜드 민요 〈연가(Pokarekare Ana)〉의 주인공 '히네모아'와 마오리족 청년 '투타네카이'가 바다를 사이에 두고 그리워하는 모습이 떠오른다. 우리나라에는 6 · 25 때 전해졌다는 연가의 가사를 듣고 애잔한 감성이 앞섰다.

보통 사람들은 파도가 잠잠하면 풍어를 거둔다고 추측하지만 베테랑 어부들의 오랜 경험에 의하면 뭇사람들의 추측과는 정반대다. 파도가 잠잠하면 풍어를 거둘 수 없다. 잠잠한 바다에 폭풍우가 몰아쳐 집채만한 너울성 파도가 밀려와 한바탕 뒤집어 주어야 한다.

우주 나이 138억 살. 우리 지구도 같은 맥락이다. 지구의 날씨가 매일 '맑음'이면 좋겠지만 그러면 지구는 사막이 된다고 한다. 맑은 날과 비바람, 태풍, 눈이 번갈아 내려주어야 튼튼한 지구 환경이 존재할 수 있다. 우리 삶도 영원히 바다 위에 서 있다고 생각한다. 때로는 파도를 넘어야 하고 잠잠하면 마음도 잔잔하고 평안하다. '인생'의 바다에서도 파도를 슬기롭게 넘어야 한다. 그러면 어떤 결과가 올까?

감리사 자격은 초급, 중급, 고급, 특급이 있는데 자신이 특급 감리사라고 큰소리치던 남편은 전북 정읍 현장으로 출장을 갔다. 정읍에서 '할렐루야 교회'를 지을 때의 일이다. 교회 건설현장 감리소장으로 파견되었으니 축복받은 일이라며 떨어져 있어도 행복했다. 현장 업무에서 사건 사고가 자주 발생하므로 현장 업무를 시작하기 전 아침마다 안전교육부터 먼저 시키고 작업을 시작한단다.

사고는 누구에게나 일어날 수 있다. 큰소리치는 남편도 예외는 아니다. 현장소장인 남편이 거의 1층 높이의 사다리에서 떨어졌다. 이곳저곳 공사 현황을 살피고 진행 과정을 속속들이 알아야 하니 마음이 바빴을 것이다. 성격이 급해서 그렇지 일은 완벽히 처리하려는 소신파다. 얼핏 보기에 살짝 떨어진 듯 보여도 현장에는 많은 위험 요소가 도사리고 있다. 땅바닥에는 못이 나뒹굴고 건축자재가 널브러져 있다. 그런 현장에서 사다리를 오르다가 발을 헛디뎌 땅바닥에 떨어진 것이다. 무릎 십자인대에 못이 박히고 발목뼈에 금이 가 입원해 깁스했다. 그나마 다행이었다. 사고는 안타깝지만 큰 사고가 아니어서 첫 며칠만 병간호하고 아이들 때문에 서울 집으로 올라와야 했다.

큰딸 유리가 신상도초등학교에 입학했다. 학기 초에는 학급별로 학부모 회의를 진행했다. 회장, 부회장, 총무, 명예교사를 선발하고 '녹색 어머니'도 선발해 학생들의 등·하굣길 교통정리를 돕는다. 학부모 회의에 참석하니 막냇동생 미화의 말이 떠올랐다. 요즘에야 서로 감투를 쓰려고 야단이지만 당시는 서로 임원을 안 하려고 뒤로 빼는 분위기였단다. 시간이 한참 흘러도 하겠다는 사람이 없어 투표로 임원을 선출하는 과정이 어색했단다. 나는 익히 들은 말이 있어 먼저 손을 들고 명예교사를 자청했다. 녹색어머니회는 명예교사와 함께 할 수 있다기에 녹색어머니회에도 가입했다. 명예교사는 학교 행사 때 일일 선생님 역할을 한다.

예를 들어 스승의 날에는 학생들 수업을 명예교사가 대신했다. 학생들이 소풍 가면 동행해 선생님을 도와드렸다. 녹색어머니회는 순번을 정해 돌아가며 학생들의 등·하굣길 횡단보도에 지켜 서서 교통정리를 했다. 등·하굣길 학생들의 안전을 보살피는 일이다. 학생들의 등·하굣길에 학교 앞을 지나갈 때마다 학부모들이 녹색어머니회 조끼를 입고 깃발을 들고 호각을 불며 교통정리를 하는 것을 보고 '나도 아이가 입학하면 해야지'라고 일찌감치 결심했다.

어떤 일이든 처음 하는 일은 신나는 법이다. 학부모로서 우리 학생들이 안전하게 길을 건너도록 사명감으로 신나게 일했다. 한참 안전지도를 열심히 하는데 셋째 형님이 다급히 나를 불렀다. 경주 현장 서방님의 교통사고 소식이었다. 남편이 경주 건설현장에 내려가 감리소장으로 근무할 때였다. 본의 아니게 주말부부가 되었지만 현장 일이 바빠 한 달에 두 번 집에 오면 많이 올 정도였다.

경주 현장에서 다급한 전화가 왔단다. 녹색어머니회 활동을 하느라 전화를 안 받아 형님 집으로 전화했다. 남편이 운전하던 차가 전복되어 위급하다고. 생명을 장담할 수 없다는 병원 측 말과 함께. 평소 하도 놀랄 일을 많이 겪어 웬만하면 그러려니 했지만 생명이 위험하다니 하늘이 캄캄했다.

시어머님, 첫째 시숙과 함께 황급히 경주행 비행기에 몸을 싣고 병원으로 향했다. 가는 내내 눈물만 하염없이 흘렀다. 평소 남편이 말하던 '남자는 짧고 굵게 산다'라는 말이 가슴에 못이 되어 박혔다. 병원에 도착해 남편을 보니 패잔병처럼 몰골이 처참했다. 얼굴은 상처로 짓이겨졌고 배에는 구멍을 뚫고 쓸개에서 나오는 액을 빼내는 줄이 달려 있고 소변줄에 콧줄에 차마 눈 뜨고 볼 수 없었다. 갈비뼈는 네 개나 금이 가고 대퇴부 뼈도 다쳐 깁스를 했다. 둘째 유정이가 겨우 아장아장 걸을 때였고 큰딸 유리는 엄마의 손길이 필요한 1학년이어서 걱정되었다. 감사하게도 셋째 형님이 애들을 돌봐주어 다행이었지만 병원 생활은 여간 힘들지 않았다. 상황이 상황이니만큼 내 힘듦보다 남편의 회복이 더 중요했다.

약 두 달 동안 형님이 애들을 돌봐주었다. 뾰족한 방법이 없으니 병원 간이침대에서 쪽잠을 자면서도 애들 생각에 노심초사했다. 형님이 살뜰히 돌봐주지만 한편으로 '유리는 학교에 잘 다녀왔는지', '유정이는 우유는 잘 먹는지' 엄마 마음이 어떻게 편했겠는가? 남편 간호가 우선이니 어쩔 수 없었다.

열흘이 지나자 중환자실에 있던 남편은 일반 병실로 옮겼다. 타지인 경주, 그것도 병실에 갇혀있자니 그저 답답했다. 그나마 일반 병실에서 함께 지내던 보호자들의 따뜻한 배려로 그제야 웃을 수 있었다. TV에서 찐 감자 먹는 장면이 나오자 무심코 "감자 먹고 싶다." 말하면 보호자 중 한 분이 집에 다녀오면서 감자를 삶아왔다. 병원 밥은 먹은 것 같지 않다며 밥과 반찬을 넉넉히 챙겨 와 굶지 않도록 마음을 써주었다. 생판 남인데 쉽지 않은 일이었다. "전생에 나라를 구했나?" 생각했다. 가끔 병실을 방문하던 한 환자 친척분은 남편이 있는 침대를 보며 여기 누워있던 환자는 어디 갔냐고 물어왔다. 몰라보게 달라진 남편이 그전 사람이 아닌 줄로 알았나 보다. 몸 상태가 그만큼 호전된 것이다.

소방관이 꿈이라던 그분도 지금은 훌륭한 소방관이 되어 근무 중이리라 믿는다. 친언니처럼 챙겨주던 하은 엄마도 행복하게 잘 있겠지. 감사의 마음을 담아 한동안 전화하고 문자도 주고 받았지만 세월이 흐르고 바쁘게 살다 보니 전화번호도 바뀌어 소식이 끊겼다. 그분들에 대한 감사한 마음을 잊지 않고 다른 사람들에게 베푼다. 세상에는 이처럼 마음 따뜻한 분들이 있어 아픔을 겪고 힘든 사람들에게 힘이 된다. 그때 벼랑 끝에 서 있던 내게도 그들의 따뜻한 위로 덕분에 힘든 병간호를 해낼 수 있었다.

인생길 위에 서서 삶이라는 파도가 잠잠하면 무덤덤하지 않을까. 때로는 롤러코스터 타듯 긴장하고 열정도 오롯이 쏟아부으며 재미나게 살다가 가끔 풍어도 꿈꾼다. 어쩔 수 없이 당하더라도 어찌어찌 버티다 보면 삶의 실타래는 풀린다. 물러서지 않고 맞받아치면 그만이다. 일단락이다. 그것이 올곧은 인생이다.

행복과 행운 사이

01

세 잎 클로버의 행복, 네 잎 클로버의 행운

"광야를 만나면 광야를 개간하고 사막을 만나면 사막에 우물을 파라. 이미 가시덤불로 막힌 낡은 길을 찾아서 무엇 할 것인가?" 루쉰의 문집『아침 꽃을 저녁에 줍다』에 나오는 문장이다. 애면글면 어디 있는지도 모르는 길을 찾겠다고 발버둥치지만 정작 소중한 것은 바로 내 발 아래 있음을 뒤늦게 깨닫는다. 지금 위치한 곳에서 발견하는 소중한 보물을 에둘러 애먼 곳으로만 찾아다니며 헛고생이다.

사막에도 우물은 있다. 사막의 우물인 오아시스는 분명히 행복이자 행운이다. 세 잎 클로버의 뜻은 '행복'이고 네 잎 클로버의 뜻은 '행운'이다. 혹시 행운만 쫓다가 행복을 놓치진 않았을까. 한 번쯤 바로 짚고 넘어갈 일이다. 행복하다고 생각하니 행운은 덤으로 따라오더라. 내가 살아 보니 내내 그렇더라.

큰딸 유리가 당곡고등학교에 다닐 때였다. 하루는 문자를 보냈다. 별다른 뜻이 있어서가 아니라 엄마가 보내는 흔한 '문자'였다. 학교에서 신나게 공부하고 오라는 내용과 함께 '웃고 있어도 자꾸 눈물이 난다'

라는 문구를 넣어 보냈다. 인사성 문자 하나가 큰 파장을 몰고 온 것을 아득히 잊고 있었다. 보석 판매를 하면서 알았다. 내가 얼굴을 찡그리면 고객에게 곧바로 부담을 주는 일로 돌변하고 환하게 웃어야 판매도 잘 된다는 것을 일하면서 깨달았다.

내가 보낸 문자가 재미있게 보내야 할 학교생활을 망쳤다는 사실을 알게 된 것은 그날 밤이었다. 평소 점심시간마다 급식을 먹으러 친구와 함께 맨 먼저 식당으로 달려가던 유리였다. 그날따라 어찌 된 영문인지 급식을 먹는 둥 마는 둥 엄마 생각에 온종일 울었단다. 웬만해선 슬픈 내색을 안 하는데 어젯밤 꼬마 신랑이 세계지도를 그려놓고도 큰소리치는 바람에 많이 슬펐다는 내면의 소리였다. 게다가 수업 시간에 본인의 별명을 말하라는 담임선생님의 주문에 유리가 '백설 공주요'라고 대답하자마자 학생들이 책상을 두드리며 웃고 야단법석이었단다.

1주일 후 같은 수업 시간에 담임선생님이 유리의 얼굴을 물끄러미 바라보더니 "유리는 백설 공주가 맞구나. 어쩜 이렇게 얼굴이 희고 빛이 나니?" 말하며 웃었단다. 『신데렐라』 책을 읽어주면 계단에서 벗겨진 유리구두는 유리 신발이 아니라 엄마 신발이라던 유리는 장성해 분당 서현에서 아트 메이크업 '유리 브로우' 숍을 운영 중이다.

결혼 상견례는 부산에서 했다. 시부모들도 유리를 예뻐하고 아껴주니 엄마로서 한시름 걱정을 놓았다. 안사돈이 축사를 부탁했다. 순간 아뜩했다. 책도 출간하고 강의도 하니 잘할 거라며 적극적으로 권했다. 못 이기는 척 얼떨결에 축사를 하게 되었다.

"바쁜 주말 사람들이 많이 모이는 것이 그저 조심스러운 요즘입니다. 코로나에도 불구하고 소중한 시간을 함께 해주신 양가 친지 여러분, 하객 여러분, 이 자리를 빛내주셔서 진심으로 감사드립니다. 오늘 세상에서 가장 아름다운 신부 황유리 양의 어머니이자 세상에서 가장 멋진 신랑 장정은 군의 장모인 흑진주 시인 장복순 인사드립니다.

첫딸을 낳고 세상 다 가진 것처럼 기뻐하던 게 엊그제 같은데 어느새 성인이 되어 가정을 꾸리게 되니 엄마로서 감개무량합니다. 건강하고 올바르게 성장해준 신랑 신부를 보니 뿌듯한 마음에 참으로 행복합니다. 어릴 때는 결혼 안 하고 엄마 아빠랑 살겠다, 아빠랑 결혼하겠다던 그 약속은 안 지켰지만 하늘나라에서 아빠가 지켜보고 축복해주리라 믿습니다. 먼저 우리 가족이 되어준 멋진 사위 장정은 사랑합니다. 아들을 이렇게 훌륭히 키워주신 사돈 내외분께도 감사의 인사 드립니다.

그동안 서로 다른 환경에서 성장해 한 가정을 이루게 되었으니 서로 사랑하고 양보하면서 살기를 소망합니다. 시부모님 잘 모시고 형제간에 우애하고 아들딸 낳고 가정의 행복을 최우선으로 하는 두 사람이 되기를 바랍니다. 신부가 신랑을 황제처럼 대접하면 신랑도 신부를 황후처럼 모실 겁니다. 이 자리를 빛내주신 친지 하객 여러분의 정성어린 마음을 잊지 않고 평생 나누며 살겠습니다. 귀댁의 건강과 행복이 늘 가득하길 바라며. 10월 어느 멋진 날 혼주 인사 마칩니다. 감사합니다."

축사 도중 유리가 흐느껴 울먹였다. 덩달아 나도 어렴풋이 약간 흔들렸다. 조금 전까지도 씩씩하던 엄마는 온데간데 없이 울보 엄마로 변했다. 엄마 아빠 말만 들어도 꺄르르 꺄르르 웃던 때로 잠시 돌아가 주례 '엄마'를 마주보다가 흘깃 '아빠' 얼굴을 보았을 수도 있으려나.

나폴레옹이 네 잎 클로버를 발견해 따려고 고개를 숙인 덕분에 총알을 피해 행운이라고 했다는데 네 잎 클로버에는 정말 행운이 있나 보다. 양주 성우아파트에 살 때 들길에서 네 잎 클로버를 한꺼번에 일곱 개나 딴 적이 있다. 때마침 하늘에는 쌍무지개가 떴다. 말로만 듣던 갑션무지개(쌍무지개)를 눈으로 직접 보니 환상적이었다. 네 잎 클로버도 땄는데 난생처음 쌍무지개까지 보니 뭔가 좋은 일이 생길 것만 같았다.

며칠 후 '등단'했다. 등단하자 여기저기서 러브콜이 왔다. 그중 이갑주 대표가 창간한 「광양 저널」에서 러브콜이 왔다. 기자 겸 서울지부 편집부장을 맡아달라는 제안이었다. 사람 만나기를 좋아하고 글쓰기도 잘하니 제격이라며 내게 적극적으로 권유했다. 프리랜서 식으로 원하는 기사만 제출하면 다른 일도 할 수 있다는 조건이었다. 덕분에 기자의 필수품인 노트북을 선물로 받았다. 컴퓨터에 알레르기 반응을 보이는 내가 노트북을 선물로 받다니. 그럼에도 가슴 설레게 하는 물건임이 틀림없었다. 병사가 전쟁터에 나가려면 총과 탄환이 필수이듯 내게도 필요한 '탄환' 정도로 여겼다.

바쁘게 살다 보니 컴퓨터 학원에 등록만 해놓고 다니지는 못했다. "이것이 무엇에 쓰는 물건인가?" 이 정도는 아니지만 생소한 느낌이 드는 건 사실이었다. 주로 서울·경기 지역에 사는 광양인들을 만나 취재했다. 정말 중요한 자리에는 김호 기자가 배석했다. 정현태 회장을 만나 그분의 성공 스토리를 듣고 기사화했다. 맨손으로 시작해 신발가게를 운영했고 온갖 고생하며 안 해본 일이 없단다. 그 결과, 100억 원대 자산을 모았다는 자부심이 대단했다. 작은 오빠의 친구인 박정표 오빠도 만났다. 교장선생님인 작은 오빠 덕분에 친동생처럼 반갑게 맞아주었다. 노신사 신채우 시인도 취재했다. 동대문에서 포목점 운영으로 성공했다는 그는 성격도 활달하고 시 낭송도 즐겼다. 재경 향우회에서 대형 버스를 전세내 산행할 때도 함께 했다.

「광양 저널」을 알리고 나도 알렸다. 유명산을 다녀오고 광양 옥룡 백운산 고로쇠 물을 마시고 섬진강 매화 구경도 했다. 고향 까마귀만 봐도 반갑다는데 고향을 방문해 취재하고 상춘객이 되어 한껏 봄의 정취를 담았다. 신채우 회장은 글쓰는 시인이면서도 '장 시인', '장 기자'라고 부르며 깍듯이 대했다. 역사 이야기를 좋아해 고려 시대부터 조선 시대 역사 주인공들로 이야기꽃을 피웠다.

행복은 나 하기에 달렸다. 네 잎 클로버를 찾다가 세 잎 클로버를 밟은 적은 없는가? 행운은 저기서 오고 행복은 여기서 온다. 행운만 좇다 보면 자칫 행복을 쫓을 수도 있다. 행운을 알아볼 눈으로 행복을 불러들여야 한다. 행운은 눈 감고 있을 때 지나가고 행복은 눈뜨고 있을 때 마주 본다. 행복은 내가 지킨다. 행운도 함께.

02

행복한 사람은 행운이 따른다

'행운과 불행은 쌍둥이'

행운과 불행은 겹으로 쌍으로 오기도 한다. 어릴 때부터 오랫동안 켜켜이 품어 온 생각이다. 모습이 빼다 박은 판박이여서 어느 것이 행운이고 불행인지 분간하기 어렵다. 행운인 것 같다가도 불행으로 바뀌거나 불행인 줄 알았는데 지나 보니 행운을 가장했다. 제아무리 노려보고 째려봐도 원래 모습을 단번에 알아차리기 여간 어렵지 않다.

한 가지 분명한 것을 깨달았다. 내 마음이 어떻게 받아들이냐에 따라 행운과 불행의 모습은 수시로 바뀐다는 것이다. 꿈보다 해몽이라고 해도 좋고 님 찾다가 뽕 찾았다고 불러도 좋다. 보통 머리카락이 전부 빠지는 꿈은 재수 없다고 한다. 왜 그렇게 생각해야 하는가. 밀리고 쌓인 문제가 한꺼번에 풀릴 징조로 생각하면 얼마나 개운한가.

"카페를 책임지고 맡아 주세요."

꽃샘추위가 막 끝난 2018년 초봄이었다. 발효 스콜레 실장을 하면서 알게 된 최 원장이 '호숫가 소풍' 카페지기를 제안했다. 말은 고맙지만 생뚱맞고 난감한 부탁이었다. 나와 커피는 궁합이 안 맞기 때문이었다. 지금까지 맞춰볼 여유도 없었지만 굳이 가까이할 필요도 못 느꼈다. 너도나도 커피를 좋아하지만 나 하나쯤 거리를 둔다고 큰일나는 건 아니지 않은가. 1년에 겨우 서너 잔이나 마실까. 게다가 바리스타 자격증도 없었다. 난감했다. 그런 상황에 최 원장은 '복순 씨 정도면 충분해요'라며 막무가내로 권했다. 카페 일이야 배우면 되고 절대로 어렵지 않다고 설득하며 간곡히 권했다. 며칠 동안 끈질기게 채근했지만 처음부터 선뜻 내킬 리 없었다.

몇 날 며칠 듣고 또 듣다 보니 빼꼼히 허튼 생각이 비집고 들어왔다. '이참에 그럼?'이라는 뾰로통한 생각이 마음 한구석에 밉잖게 움텄다. 뭐든지 새로운 도전을 좋아하는 내 스타일이 어디 가겠는가. 슬금슬금 호기심이 발동하자 '에라 모르겠다, 해보자'라고 결심하고 '해볼게요'라는 말부터 내질렀다. 일단 질러놓고 수습이 안 된 적 없이 살아왔는데 무슨 대수인가. 뭐든지 결정하면 그다음 '일'은 '그다음'이 알아서 할 문제다.

조건도 좋았다. 카페 책임자로서 매출액에 따라 인센티브가 달라진단다. 그렇다면 해볼 만하지 않은가. 굳이 안 할 이유도 못 할 이유도 없었다. 그냥 '하면' '될' 일이었다. 갈수록 빼고 뭉개기에는 아깝다는 생각만 머릿속을 점령했다. 밉게 보려다가 좋게 보니 나 자신이 적임자라는 느낌이 스멀스멀 품어졌다.

그뿐만이 아니다. 매력이 하나 더 더해졌다. 설렘. 팔당호 중간에 자리 잡은 카페 위치가 콩닥거리는 가슴을 두방망이질했다. '설렘'을 가져본 적이 언제였던가. 새로운 일은 두려움을 몰고 오지만 기분 좋은 떨림도 늘 동반한다. 두려움과 떨림, 어깨동무에서 떨림 쪽에 살짝 기대는 순간 두려움은 스스로 팔걸이를 푼다는 것을 경험해 잘 알고 있다.

앞뜰이 팔당호수이니 안 바쁠 때 '글쓰기'를 한다면 이거야말로 명당에 곗돈 타는 것 아닌가. 팔당호. 이름만 들어도 '짜르르'한 느낌이다. 하늘에서 내려온 팔선녀가 당을 짓고 살다가 팔당의 경관에 홀딱 빠져 하늘나라로 올라가길 포기했다는 유래만 들어도 신선하다. 시선을 끌고 눈길을 꿰차고 마음을 잡기에 완벽했다. 무슨 꿈을 꾸었든 해몽을 펼쳐 보니 그냥 마음에 쏙 들었다.

'첫 출근'. 뒤돌아볼 겨를도 없이 앞만 보고 바쁘게 달려온 세월 속에 드디어 '실전'의 날이 밝았다. 숨가쁘게 지나가는 시간만큼 커피들 이름에 눈도장 찍기는 왜 그렇게 숨가쁜지. 아메리카노, 아이스아메리카노, 카페라떼, 카푸치노, 에스프레소. 턱 밑에 숨이 할딱거려 어질어질했다. 외우는 건 둘째치고 손님들 입맛에 맞게 어느 세월에 다 내린단 말인가. 어물대지 않고 부산하게 설치던 날들이 하루 이틀 지나자 루틴이 생겼다. 몸이 일을 알아보기 시작했다. 쏠쏠한 재미가 붙자 적잖이 단골손님도 늘어갔다. 경치와 맛, 두 마리 토끼를 즐기는 고정팬들의 입심이 작용했다. 매일 새로 오는 손님들을 만나 즐겁지 오가는 이야기가 정겨워 뿌듯하지 하루하루가 활기찼다. 눈 깜짝할 사이에 봄날이 지나갔다.

'야간 사감 구함'

훌쩍 지나간 봄을 아쉬워할 겨를도 없이 계절은 한창 여름으로 치달았다. 얼떨결에 새로운 '변화'를 직감했다. 휴대폰을 만지작거리며 밴드 하나를 쓱 지나치는데 '복순이'의 촉수에 뭔가가 덜컥 낚였다. 기숙형 경찰학원에서 야간 사감을 구한다는 구인광고였다. 재빨리 휴대폰 화면을 캡처했다. 먹든 안 먹든 일단 확보하고 볼 일이었다. '50세 이하'. 다시 보니 무시무시한 나이 제한 '조건'이 붙었다. 이미 50대 중반을 넘긴 나이를 무슨 수로 되돌리나. 역풍에 돛 올릴 노련한 뱃사공도 아닌 주제에 기발한 묘수가 떠오르지 않았다. "시켜만 준다면 누구보다 잘할 자신 있는데…." 오가며 혼잣말로 몇 번이나 중얼거렸다. 나이는 숫자에 불과하다. 웬만하면 덜 야박하게 굴면 안 될까. 끓는 속을 달래듯 구시렁대며 배짱 좋게 일을 또 벌였다. 못 먹는 감 찔러는 봐야 직성이 풀리지.

“면접 오실 수 있어요?” 러브콜이 왔다. 무작정 이력서부터 들이댔지만 콜이 오리라곤 기대하지도 않았다. 기회라는 녀석은 한눈팔 틈을 주면 안 된다. 입질이 오면 찌를 당겨야 한다. P할 건 피하고 R릴 건 알리는 PR 시대. 막무가내인 듯하면서도 최선을 다해 나를 PR했다.

내 진심이 통했다. ‘경찰학원 사감’이 되었다. 합격 통보를 받고 소금쟁이처럼 제자리에서 폴딱폴딱 뛰었다. 그리고 나 자신을 칭찬했다. ‘복순아! 힘들었지?’ 토닥토닥. ‘도전하길 잘했다. 잘했고 잘할 거야.’ 낮에는 카페지기, 밤에는 경찰학원 사범지기. 사람들은 이만한 행복을 알까. 동에 번쩍 서에 번쩍, 낮에는 팔당호에 번쩍, 밤에는 경찰학원에 번쩍. 눈코 뜰 새 없이 뛰어다녔다.

힘들 때마다 나를 보듬어준 힘은 헬렌 켈러의 수필집 『사흘만 볼 수 있다면』이었다. 미국 월간지 『리더스 다이제스트』에서 20세기 최고의 수필로 선정했던 수필집이다. “제게 계절이라는 꽃수레는 너무나 떨리는 끝없는 드라마이며 그 활기찬 흐름은 내 손가락 끝을 스치며 지나갑니다. 때때로 이런 모두를 너무나 보고 싶은 열망에 가슴이 터질 것 같습니다. 감촉만으로도 이처럼 많은 기쁨을 얻을 수 있는데 볼 수만 있다면 얼마나 더 많은 아름다움을 발견할 수 있을까요?”

아무것도 볼 수 없었던 헬렌 켈러의 말을 수없이 곱씹으며 살아냈다. 생후 19개월 만에 찾아온 병으로 시각, 청각 모두 잃은 그녀였다. 세상과 소통하는 방법은 오직 촉각뿐이었지만 좌절하지 않고 삶을 개척해 나갔다. ‘세상의 모든 아름다움과 계절의 변화를 눈으로 볼 수 있는 나는 건강하니까 힘든 일쯤은 얼마든지 이겨낼 수 있다'라고 다독였다. 미래에 경찰관이 될 학원생들에게 꿈을 잃지 말고 열심히 공부하라는 응원과 격려를 아끼지 않았다. 꿈은 반드시 이루어진다는 긍정 메시지를 전했다.

밤낮 안 가리고 일해 지칠 만도 한데 오히려 힘이 솟았다. '안 되면 되게 하라'라는 해병대 구호가 나를 위한 구호처럼 강력한 메시지로 다가왔다. '할 수 있다'라는 자신감으로 나 자신을 더 담금질했다. 오랫동안 담금질해 얻은 쇠는 더 단단하고 모양이 쉽게 틀어지지 않는다. 나도 그랬다. 힘들다고 하소연할 겨를이 없다. 사랑하는 가족의 가장으로서, 세 아이의 엄마로서 나를 담금질하며 열정의 원동력이 되겠다고 다짐한다. 희망찬 미래에 대한 '꿈'만 창조적인 나로 이끌어 줄 거라고 믿는다. 어떻게 살아가야 하는가. 인생에 정답은 없다. 오늘이라는 선물에 감사하며 매 순간 최선을 다하는 삶. 넘치는 자신감에 생각만 해도 행복감에 짜릿하다.

03

세상은 넓고 행운은 넘친다

기억에는 한계가 있다. 기억하고 싶다고 기억이 되살아나는 건 아니다. 모두 엄마 뱃속에서 태어났지만 그 속에서 머물렀던 기억은 꺼내오지 못한다. 그렇다고 부정할 수는 없다. 맨 처음 지구를 만났고 그 다음 아버지와 어머니를 만났다. 자라면서 세상에 나와 많은 사람을 만났다. '인연'이라는 이름으로. 기억 밖에 머물더라도 여전히 '존재'했다. 삶은 만남의 연속이다. 인생은 만남에 따라 결정된다. 만남은 축복이다. 호아킨 로드리고가 세고비아를 떠올리며 「어느 귀인을 위한 환상곡」을 작곡했듯이 축복과 같은 '귀인'을 만났기에 오늘날 장복순이 있다.

신학자 고가르텐(F. Gogarten)은 이렇게 말했다. "인생은 네 개의 전치사(of, for, with, by)로 결정된다. 첫째, 누구에 '의한(of)' 삶이냐로 내 삶의 주인이 누구냐고 묻는다. 둘째, 무엇을 '위해(for)' 살겠느냐로 삶의 목적을 묻는다. 셋째, 누구와 '함께(with)' 하느냐로 만남과 관계를 묻는다. 넷째, 무엇에 '의해(by)' 사느냐로 삶의 방법을 묻는다."

내 삶을 바꿔준 사람 중 첫 만남부터 '칭찬'으로 인생은 시작한다. 수업 시간에 발표를 잘한다며 자신감을 북돋아주고 칭찬을 아끼지 않았던 정박신 선생님. 5학년, 6학년 때 담임선생님으로 전교생에게 '털보 선생님'으로 불렸고 카리스마가 넘쳤다. "정직해라. 부지런해라. 책을 많이 읽어라." 근면 성실을 강조했던 다정다감한 담임선생님이었다. 가정방문을 다닐 때도 함께 데리고 다닐 정도였다.

내 두 번째 만남은 중학교 1~3학년까지 함께 한 변채옥 선생님이다. 내가 다닌 옥룡중학교는 신설 중학교여서 아직 졸업생이 없었다. 선배들은 2학년, 우리는 1학년이었다. 옥룡중학교는 변채옥 선생님의 대학 졸업 후 첫 부임지였다. 가정 선생님이었는데 첫 제자들에게 쏟아부은 첫정이 남달랐다. 선생님을 존경하고 따르자 가정 시간이 기다려졌고 공부도 열심히 했다. 옥동 마을에서 자취하던 선생님 집에도 찾아가 맛난 음식도 함께 먹고 놀다 오기도 했다. 성인이 되어 친구들과 어울려 송추계곡에서 모였을 때 선생님을 초대했다. 서로 얼싸안고 반가워했다. 시간 가는 줄 모르고 이야기꽃을 피우며 회포를 풀었다. 주저리주저리 열린 웃음꽃과 더불어 석양의 노을이 고왔다.

세 번째 만남은 코오롱 다닐 때 만난 정필원 디스플레이 교수님이다. 나는 코오롱 명동점과 사보이점 쇼 윈도우를 책임진 교수님에게서 공간 디스플레이를 배웠다. 스포트라이트를 어떻게 비춰야 쇼 윈도우 상품이 살아나는가. 먼저 핀을 구부리고 낚싯줄을 늘어뜨려 옷을 장식한다. 정 교수님은 연출을 통해 상품을 효과적으로 전시하는 방법을 알려주었다. 윈도우 디스플레이 기법 중 작은 소품을 이용해 패션 브랜드 가치를 높이는 방법도 있다고 했다.

행인들의 시선을 사로잡는 마네킹 코디법도 알려주었다. 출입문 양쪽 벽면에 옷을 전시할 때 천장에 압정을 꽂고 낚싯줄을 이어 구부려 둔 핀으로 고정한다. 정 교수님 덕분에 실전 디스플레이를 잘할 수 있었다. 처음에는 문외한이었지만 열심히 배우다 보니 실력이 점점 늘었다. 생소한 일이라기보다 눈썰미, 감각, 솜씨도 필요했다. 새로운 것의 배움은 늘 설렘을 동반한다. 바비인형처럼 예쁘고 깔끔했던 정 교수님의 칭찬을 받으면서 작업했던 디스플레이는 소중한 추억으로 남아 있다.

네 번째 만남은 양주 이형로 목사님과 백경희 사모님이다. 국민은행 최연소 지점장 출신으로 목사님이 된 분이다. 은행 출신은 깐깐하고 딱딱할 거라는 선입견은 오산이다. '빛오름 선교' 교회를 개척했다. 외국인들에게 믿음을 심어주고 쉼터가 되어주었다. 외국인들에게 한글을 가르치는 일에 나도 동참했다. 사모님은 교인들에게 줄 음식을 만들 때도 맛있게 해달라고 기도할 만큼 순수한 분이었다. 봄마다 함께 뜯은 쑥으로 쑥떡을 만들어 교인들의 입을 즐겁게 해주었다. 사랑과 정성으로 나눔을 실천하며 섬기는 모습은 본보기였다.

하루는 우리 집 봉 세탁기가 털털거리자 비행기 엔진 소리가 난다며 새것을 사주었다. 언니처럼 살뜰히 보살펴주는 사모님이 좋아 덕정동 성우아파트에서 교회 옆으로 이사까지 했다. 목사님과 사모님은 더없이 다정했다. 뭐든지 더 챙겨주려는 신실한 분이었다. 함께 있으면 천국을 누리는 기분이어서 한없이 행복했다.

다섯 번째 만남은 백 년 약속을 실천하는 한국강사교육진흥원 김순복 원장이다. 복순과 순복. 처음 만날 때부터 우리는 자석처럼 서로 끌렸다. 무슨 일을 하든 실천력이 뛰어났고 책임감도 강했다. 소중한 인연으로 한국강사교육진흥원 초대 이사가 되었다. 가천대 '최고 명강사' 2기 과정부터 현재 진행 중인 4기 과정까지 운영교수 역할을 함께 하고 있다.

얼마 전 제주도 인재개발원에서 열린 면접교육관 강의에도 함께 했다. 『벼랑 끝 활주로』를 쓴 팔방미인 원장님과 '바늘 가는 데 실 가듯' 평생지기로 남을 수 있어 행복하다. 앞으로도 많은 사람에게 꿈을 심어주고 멘토가 되어 선한 영향력을 미치며 양대 산맥으로 살아가길 소망한다.

여섯 번째 만남은 김영돈 작가다. 특별한 세 스승 중 한 분으로 『삐뚤어진 또라이의 작가일지』 외에도 여러 권을 출간한 실력 있는 작가다. 『5년 후 내가 나에게』를 집필할 수 있도록 아낌없는 조언을 해주었다. 일상의 루틴을 강조하고 루틴대로 살면 꿈꾸는 목표를 이룰 수 있다고 강조했다. 코로나 상황에서 비대면 영상 강의로 공부하며 작가의 꿈을 키울 수 있었다. 좋은 인연으로 만나 함께 글쓰기 공부를 한 덕분에 쓰고 싶은 글을 쓰는 작가가 되었다. 수업 중에 써보고 싶은 책 제목을 썼고 그로 인해 『동행을 부르는 이야기』의 뼈대를 갖추게 되었다. 고마운 스승님이다.

소중한 인연은 또 다른 귀한 인연으로 이어졌다. 김순복 원장, 김영돈 스승에서 어성호 스승으로 연결되었다. 헬렌 켈러에게 기적을 안겨

준 스승으로 앤 설리번이 있다면 내게는 어성호글쓰기연구소의 대표 어성호 스승이 있다. 기다렸다는 듯 인연은 이어졌다. 작년 봄부터 초가을까지 강남 어성호글쓰기연구소에 글쓰기 공부를 다녔다.

매주 토요일마다 멀리 퇴촌에서 강남까지 가는 것이 전혀 지루하지 않았다. 글쓰기와 책 쓰기, 철학, 음악, 영화를 통틀어 세상 보는 눈을 뜨게 해주어 설레는 마음으로 갔다. '같이'의 가치를 깨닫게 해주고 체계적으로 깨알처럼 알려주었다. 『글쓰기의 8가지 기술』에서도 읽었지만 지혜의 샘에서 화수분처럼 나오는 지식을 하나하나 족집게처럼 끄집어내 내게 전수해주었다. 『동행을 부르는 이야기』를 집필하도록 아낌없이 조언하고 격려해주었고 선한 영향력도 내게 전해주었다. 내게 과분하고 훌륭한 스승님이다.

귀인을 볼 줄 알아야 한다. 귀인이 오는 소리가 있다. 귀인이 오면 귀인인 줄 알아야 한다. 지금까지 만난 선생님과 스승은 너무나 귀한 '귀인'으로 한 가지 공통점이 있다. 귀인은 지식이 아닌 지혜를 전한다는 것이다. 귀인은 가르침이 아닌 성품을 전할 목적으로 온다. 귀인은 '길'을 열어주는 사람이다. 막다른 길, 막힌 길목에 우두커니 서서 헤맬 때 스스럼없이 '손'을 내밀어준 사람이다. 사람이 많아도 귀인은 드물다. 고비에서 귀인이어야 다음 인생 단계로 넘어간다. 이처럼 세상은 넓고 인연은 행운처럼 넘친다.

04

인생 2막, 나만의 꿈을 디자인하라

어떤 이는 꿈을 간직하고 살고
어떤 이는 꿈을 나눠주고 살며
다른 이는 꿈을 이루려고 사네
어떤 이는 꿈을 잊은 채 살고
어떤 이는 남의 꿈을 뺏고 살며
다른 이는 꿈은 없는 거라고 하네
나는 누구일까 내일을 꿈꾸는가

가수 '봄 여름 가을 겨울'이 부른「어떤 이의 꿈」의 가사다. 눈 뜨자마자 새벽부터「어떤 이의 꿈」에 취해 흥얼거리며 세포 하나하나를 깨운다. 신나는 노래를 화두 삼아 신나게 아침을 여는 것은 '즐거운' 일이다. 꿈에는 나이가 없다고 한다. 백 세 시대를 사는 우리에게 '인생 2막'이라는 중요한 전환점을 씨줄과 날줄처럼 탄탄히 엮어야 한다. 수없이 반복되는 일상 속에서 자신만의 색깔로 준비한다면 걱정 없을 것이니.

인생 1막에서 거센 폭풍우와 우여곡절이 많았다. 폭풍우가 지나가길 기다리는 것이 아니라 퍼붓는 빗속에서 춤추는 법을 배우는 것이 인생이다. 비바람 정도가 나를 쓰러뜨릴 수는 없다. 내가 누구인지 알려면 내가 무엇을 좋아하는지 알아야 한다. 좋아하는 일 속에 하려는 일이 있다. 오늘 내가 꾸준히 실천한 일들이 인생 2막에서도 이어진다. 자신감이 없으면 "이 나이에 무슨 일을?," "내 나이에 어떻게?" 반문하게 된다. 집에 터무니를 새기듯 내 인생에도 나만의 특별한 무늬를 새기기 위해 노력했다. 그러지 않으면 터무니없는 일로 끝났을 일인데. 작은 일이든 큰일이든 최선을 다했다.

최고 수준으로 내가 잘할 수 있는 '글쓰기'에 집중했다. 막내 남동생은 아직도 가끔 생각날 때마다 초등학교 시절 에피소드를 꺼낸다. 동생이 3학년일 때 담임선생님이 책을 읽고 독후감을 써오라던 숙제 이야기다. 내가 대신 써준 펄 벅의 『대지』 독후감이 문제였다. 3학년 눈높이에 맞춰 써줘야 했는데 글쓰기를 좋아하던 내가 재주껏 너무 잘 써준 것이 화근이었다. 동생 담임선생님이 너무 수준 높은 글솜씨를 단번에 알아봤겠지. "이 독후감 네가 쓴 게 맞냐?" 바른대로 말하라고 추궁했단다. 결국 누나가 대신 써준 것이 들켜 교실 앞에 나가 무릎 꿇고 두 손 들고 벌섰단다. 적당히 써주었으면 들키지 않았을까?

친구에게 써준 시가 '팔마예술제'에서 특선으로 뽑힌 적이 있다. 친구로부터 내막을 듣고 전혀 아쉽거나 허탈하지 않았다. 오히려 좋아하는 일이 쌓여 인생 2막의 꿈을 이루는 지름길이 되어주었다는 자부심이 들었다. 잘하는 일에 도전하니 행운도 따랐다. 2021년 지하철 시민 공모에서 시 '아카시아꽃'이 당선되는 기쁨을 누렸다. 지하철을 타고 다닐 때마다 스크린 도어에 붙은 시를 보며 '내가 쓴 시가 저렇게 붙으면 얼마나 좋을까?' 여러 번 생각했다.

준비된 자에게만 기회가 온다고 했던가. 결심한 꿈에 도전해 실천하자 꿈은 현실이 되었다. 현재 지하철 3호선 독립문역, 4호선 총신대입구역, 7호선 뚝섬유원지역, 8호선 암사역 스크린 도어에 버젓이 전시되어 오가는 시민들에게 눈인사하고 시인의 마음을 전하고 있다. 데일 카네기는 '당신이 무슨 생각을 하는지 내가 알 수 있다면 당신이 어떤 사람인지 알 수 있다. 당신이 생각하는 것이 당신을 만들기 때문이다. 우리는 자기 생각을 바꾸어 인생을 바꿀 수 있다'라고 말했다.

2021년 '스포츠 독서 진흥 프로그램' 강사를 뽑는데 이력서를 내보는 게 어떻겠냐고 어성호 코치가 귀띔해주었다. 서울 시내 학교 운동부 학생들에게 독서를 지도할 강사를 뽑는다는 귀띔이었다. '스포츠 독서

진흥 프로그램' 독서 캠페인으로 서울 시내 학교가 모두 뽑힌 건 아니었다. 선정된 학교 중 각자 지정받은 학교 학생들을 맡아 독서 코칭을 했다.

부랴부랴 이력서부터 냈다. 며칠 후 합격 소식과 함께 청량중학교 야구부 선수 16명을 독서 코칭하게 되었다. 먼저 학부모에게 일일이 전화해 학생들의 일정부터 파악하고 학생들에게 일일이 전화해 가능한 요일과 시간을 정해 함께 했다. 정해진 책 『무적 수첩』, 『소리질러 운동장』, 『나는 화성 탐사 로봇 오퍼튜니티입니다』로 진행했다.

첫 번째 함께 하는 독서 코칭 학교가 청량중학교 야구부 학생들이어서 내심 큰 관심으로 임했다. 코로나 때문에 학생들에게 전화로 1대1 코칭 지도했다. 책을 먼저 읽게 하고 독서 코칭 시간에 책에 관해 이야기 나누며 학교에서 운동하느라 힘들지 않은지, 평소 독서를 즐기는지, 절친은 누구인지 서먹서먹하지 않게 접근했다. 자신감이 전혀 느껴지지 않는 모깃소리로 겨우 대답하는 학생에게는 큰소리로 자신감 있게 대답하는 습관을 들이라고 격려했다. 계속하다 보니 나만의 독서지도 방법도 생겼다. 1대1 맞춤형이어서 학생 개개인의 성향에 맞추어 이어나갔다. 운동하느라 힘들거나 책읽기 습관이 들지 않은 학생과는 함께 책을 소리내 읽었다.

학교 야구부장 감독님은 독서 코칭 수업을 잘하고 있는지 학생들을 다독이며 살뜰히 챙겨주었다. '하루라도 책을 읽지 않으면 입안에 가시가 돋는다' 안중근 의사의 명언을 말해주었다. '누군가 할 거라면 내가 하고 언젠가 할 거라면 지금 하고 어차피 할 거라면 즐기면서 하자' 내가 좋아하는 응원 문구를 전하며 영차영차 힘을 북돋아주었다. 일주일 동안의 일과 중 힘들었거나 궁금한 점을 질문하도록 이끌었다. 『무적수첩』에 나오는 주인공 나무를 토론했다. 주인공 입장이 된다면 어떻게 행동했을지 허심탄회하게 말해보라며 이끌었다. 독서 코칭을 함께 맡은 이혜정 강사와도 가끔 전화나 문자를 주고받으며 코칭에 박차를 가했다. 매주 학생들과 전화로 소통하며 책읽는 습관을 길러주었다.

청량중학교에 이어 중앙대부속중학교 학생들과도 함께 했다. 독서 코칭 방법은 처음 했던 학교와 같았는데 경험이 쌓이자 훨씬 재미있게 수업을 진행할 수 있었다. 조윤주, 송은미 강사들과 함께 진행을 맡았다. 두 분의 열정 못지않게 나도 열성을 다해 지도했다. 운동하는 학생이지만 학원에 다녀와 늦은 시간에 받는 독서 수업은 결코 쉽지 않았다. 약속한 요일에 수업할 수 없을 때는 미리 알리고 그다음 주 보충수업으로 일괄했다.

누구나 꿈을 꾸지만 누구나 꿈을 이룰 수는 없다. 독서 코칭할 때마다 학생들에게 꿈을 갖고 일관성 있게 행동하는 습관을 들이라는 조언을 아끼지 않았다. 학교 수업도 운동도 매일 게을리하지 않고 열심히 다하는 습관을 강조했다. 넓은 세상을 보는 눈을 키우고 긍정적인 언어를 쓰도록 지도했다. 학생지도 구체 사례 발표로 학생과 독서에 대한 열정과 성과를 모두 공유했다. 각자 어려운 환경이었을 텐데 운동선수인 학생들을 위해 최선을 다해 지도한 보람은 있었다. 그림 그리듯 퍼즐 조각 맞추듯 이런 일들이 모여 인생 2막은 탄탄대로일 테니 마음이 흡족하다. 인생 2막도 만들어 이루어가는 과정이지 뜬금없이 완성체가 툭 주어지진 않는다. 가꾸어온 날들에 나만의 관심과 정성을 더 보탠다.

'나'여서 할 수 있고 '나'이기에 하고 싶은 일이 있다면 기꺼이 손을 뻗어라. 손을 뻗어야 기회가 올 것 아닌가. 기회가 감지되었을 때 '안 돼요', '못 해요'라는 말만 안 하면 된다. 한 발 떼면 두 발 떼는 건 일도 아니다. 이룬 일을 돌아보며 분명히 내게 말하리라. "보기 좋았다."

05

꿈 충전기, 행복 발전소

‘사람 이름은 그에게 세상에서 가장 중요하고 감미로운 여운을 가진 단어다’ 인간관계의 대가 데일 카네기의 명언이다. 평생 불리는 소중한 ‘이름’. 어떻게 지었든 남들 입에 적잖이 오르내리는 것이 이름이다. 친근하든 놀림이든 시도 때도 없이 불리고 ‘이름값’도 꽤 든다.

나도 어릴 때 꽤 이름값을 했다. 태사공파 40대 후손. 금순, 하표, 완표, 복순, 계표, 길표, 미화. 여자 이름 뒤에는 ‘순’, 남자 이름 뒤에는 ‘표’ 자가 붙는다. 장 씨 집안 항렬에 따라 지은 내 이름 ‘복순’도 예외는 아니었다. 막내 이름만 한의사였던 탁선지 외삼촌이 촌스러운 이름 말고 ‘미화’라고 지어주었다. 항렬을 따라 지었다면 ‘미순’이었을 동생이다.

누구에게나 자기만족은 없는 법. 당시 가수 장미화와 개그우먼 김미화와 이름이 같아 친구들이 놀렸다고 들었다. ‘장미화’. 들에 핀 장미화. 얼마나 예쁜 이름인가. 내성적이고 말수 적은 동생은 자기 이름이 연예인 이름과 같다는 이유만으로 부담스러워했다. 그러면 “그 이름 나랑 바꿨으면 좋을 텐데." 농담 삼아 말하곤 했다. 바꾸자고 말하는 내게 동생은 '언니, 진짜?'라며 바꿀 수 있으면 바꿨으면 좋겠단다.

그런 나는 놀림을 안 받았을까. 결코 그렇지 않다. '복딱까리', '복실이', '복쟁이' 짓는 대로 놀림받았다. 학원도 없던 시절이어서 학교 다녀오면 온 동네가 놀이터여서 한나절 내내 돌아다니며 함께 놀았고 특별한 장난감도 없어 그런저런 친구 놀림으로 시간을 보냈다. 고무줄놀이, 딱지치기, 자치기, 공기놀이, 사방치기, 말타기 등 많은 놀이를 했지만 동네 개구쟁이들은 새로운 돌파구가 필요했을 것이다. 지금 와 생각하면 부모님이 지어준 소중한 내 이름이 좋다. 복 많고 순한 사람 '복순'. 참 좋다.

철없이 뛰놀던 어린 시절 행복 발전소였던 우리 집 식구는 11명이었지만 할아버지 동생 장순종 숫골 할아버지가 매끼 함께 식사해 엄밀히 말해 12명이었다. 대식구의 실제 총책임자는 우리 엄마였다. 새벽 먼동이 트기 전부터 우물물을 긷고 절구에 곡식을 빻고 논일, 밭일 끝이 없었다. 부랴부랴 집에 와 아궁이에 불을 때며 가마솥에 밥을 지었다. 올망졸망 7남매 도시락 챙기랴 세탁기도 없던 시절 냇가에 가 손빨래하랴. 무거운 짐 머리에 이고 버스도 없는 시오리 길 내 동생 등에 업고 광양 장에 다녀오는 우리 엄마. 농촌에서는 '바쁜 농사철에 부지깽이도 일을 시킨다'라는 말이 있는데 우리 엄마는 '열심히 공부나 해라'라며 농사일 근처에는 아예 못 오게 했다. 일손이 부족한데 얼마나 힘들었을까.

은혜를 갚을 길이 도무지 없으니 지금에서야 생각하면 목이 멜 만큼 뼈에 사무친다. 장서종 할아버지가 쇠꼴을 베어오면 서얌순 할머니는 소여물을 쑤었다. 연로하셔서 그 정도 일도 두 어른에게는 버거웠을 것이다. 그러니 농사지으랴 집안 일하랴 고생하신 장하신 탁선임 우리 엄마. 윗방에서 무릎에 손자들 앉혀놓고 낫으로 쓱쓱 고구마를 깎아 주던 할아버지 기억이 새롭다. 무거운 짐 지게를 지고도 골목길에 뒹구는 돌멩이, 나뭇가지를 볼라치면 바지개 작대기로 치우셨단다. 손주들이 놀다가 걸려 넘어질까 봐 그랬다니. 할머니의 다듬이소리를 자장가 삼아 잠들던 기억이 호젓하다.

탁선임 우리 엄마 어록

1. 형제간에 우애해라. 콩 한 조각도 10명이 나누어 먹고 둠벙(작은 저수지)에 던지면 풍덩 소리가 난다.
2. 효도해라. 20살까지는 부모가 자식을 먹여 살리고 20살이 넘으면 자식이 부모를 먹여 살려야 한다.
3. 경제 관념을 가져라. 문간에 신발 두 켤레 있을 때 돈을 모아라.

……………

7. 자녀 사랑. 고슴도치도 제 새끼는 예쁘다.
8. 웃으면 행복해진다. 거짓불(거짓말)로 세 번 웃으면 진짜 웃음이 나온다.
9. 엄마 사랑. 열 손가락 깨물어 안 아픈 손가락 없다.
10. 근검절약. 커서 3년, 맞아서 3년, 작아서 3년, 옷은 도합 10년 동안 입는다.
11. 외출할 때는 보자기를 챙겨라. 살 것이 없어도 물건 살 일이 생긴다.

12. 엄마의 기도. 장길표 목사, 세계 복음화하게 해주세요.

장영부 우리 아버지 어록

1. 아버지 무술. 세상에서 손가락 총이 제일 무섭다. 소리 없는 총이 더 무섭다. 네 잘못이 두 개면 내 잘못은 세 개다.
2. 거지에게도 자선을 베풀어라(동네에 거지들이 오면 손수 이발도 시켜주고 밥도 챙겨 먹이고 돈까지 쥐여 주었다).

…………

7. 막말하지 말라. 가는 말이 고와야 오는 말이 곱다.
8. 건강은 건강할 때 지켜라. 손만 놀면 (잠시 쉬는 시간이 있으면) 주물러라.
9. 이름값을 해라. 호랑이는 죽어 가죽을 남기고 사람은 죽어 이름을 남긴다.
10. 남의 말을 경청해라. 남의 말도 귀담아 들어야 한다.
11. 어른 공경해라. 어른 말 들으면 자다가도 떡 얻어먹는다.
12. 성실하고 부지런해라. 손이 부지런해야 입이 안 굶는다.

두 분은 나의 최초 스승이자 최고 스승이자 영원한 스승이다. 부모님의 올바른 가르침 덕분에 7남매는 올곧게 자랐다. 최연소 교장이 된 작은 오빠는 엄마와 아버지가 요양원에 안 가겠다는 말에 순종하며 돌아가실 때까지 집에서 모셨다. 엄마는 편마비를 맞아 거동이 불편했다. 쓰러진 후 3시간 안에 병원에 갔어야 했는데 골든타임을 놓쳤기 때문이다. 안타깝게도 언어기관을 관장하는 뇌세포가 재생되지 않아 말을 못 하게 되었다. 설상가상 아버지는 인공관절 수술 후 거동이 이전만큼 자유롭지 못했다. 오빠와 새언니는 낮에는 학교에서 근무하고 밤에는 두 분을 보살펴야 했다.

광양 동백아파트 집 현관에는 신발이 없다. 두 분 다 걸을 수 없기 때문이다. 낮에 재가 요양보호사가 오거나 오빠가 퇴근하면 신발이 있지만 그랬다. 그때는 가슴이 미어져 많이 울었던 아픈 기억이 난다. 서울에 사는 나는 광양까지 자주 찾아뵐 수 없어 마음뿐이었다. 큰오빠는 대한항공에 근무할 때 앵커리지 지점으로 발령나 자주 못 왔다. 큰 새언니는 이화여대 졸업 후 동덕여고 선생님이었는데 엄마의 큰 며느리가 되었다.

광양 옥룡면 산골 고을이 들썩들썩했다. '저 집은 아들 교육을 잘시켜 이대생 며느리를 얻었다'라며 칭찬했다. 작은 며느리도 광주교대를 졸업한 교사로 이웃의 부러움을 톡톡히 받았다.

가족 모임 때마다 자주 간 식당 '조선옥'에서 불고기를 먹는다. 광양 불고기가 유명하거니와 맛있는 식사 대접을 하는 작은 오빠와 새언니의 따뜻한 마음이 고맙다. 식당 여사장은 효자 교장선생님 오셨다며 특별 서비스 음식을 덤으로 챙겨주었다. 두 분은 부모님을 극진히 모셨고 무엇보다 형제간의 우애로 타의 모범이 되었다. 마을에서는 효자비를 세워야 한다며 침이 닳도록 칭찬했지만 정작 작은 오빠는 당연히 해야 할 일을 했을 뿐이라며 한사코 거절했다. 마음 같아선 나라도 효자비를 세워 드리고 싶다. 엄마와 아버지는 전라남도 대표로 '장한 어머니상', '장한 부모상', '효부상', '효자상'을 받은 훌륭한 부모님이었다.

부모인 나는 자녀에게 무엇을 어떻게 가르쳐야 할지 고민될 때마다 부모님의 교훈을 떠올리며 '좋은 엄마'가 되려고 노력한다. 시집오던 첫날 화장한 후로는 화장할 수 없었다는 엄마. 귀했던 코티 분이며 동동구루무도 할머니가 썩는 냄새 난다고 말해 결국 쓰지도 못하고 상한 화장품은 대나무밭에 버렸단다. 먹을 것 다 먹고 입을 것 다 입었으면 너희 7남매 공부를 어떻게 다 시켰겠냐는 우리 엄마. 머슴을 들이자는 아버지의 의견에 '머슴 일 내가 하겠다'라며 머슴 세경 줄 돈으로 자식들 공부시키자는 장한 엄마 덕분에 오늘날 내가 있다.

부모님 생각을 하면 지금도 없던 힘이 불끈 솟는다. 만만치 않은 삶에 향기를 남기고 기적을 실천했다. 생전에 봉지봉지 싸주시던 부모님의 정성도 그립다. 콩이며 팥이며 참깨, 고춧가루, 고구마대 말린 것, 토란대 말린 것도 모자라 쌀과 찹쌀은 택배로 보내주었다.

하루는 엄마와 통화하다가 "내가 깨를 씻으면 글쎄 깨가 절반이나 떠내려가요." 말했더니 살림이 서툴러 그렇다며 그저 웃더니 그다음부터는 깨를 씻어 말려 보냈다. 그냥 팬에 볶기만 하면 되었으니 눈코 뜰 새 없이 바쁜 엄마에게 철없던 딸의 행동이 죄스럽기만 하다. 광양 동백아파트는 부모님이 계시다가 소천하신 정든 집이다.

061-762-7291.

가끔 무심코 전화번호를 눌러본다. 그리움 때문이겠지만 '지금은 없는 번호'라는 기계음이 나를 눈물지게 만든다. 이지러진 마음은 곧추설 리 만무하다. 아직 슬퍼도 슬프지 않다. 하늘나라에 계신 부모님께서 나를 위해 기도해주실 테니까. 7남매의 든든한 울타리가 되어준 부모님은 내게 행복을 주셨고 '복순이'라는 이름으로 살게 하셨다. 행운이었다. 복을 받았으니 복을 나눠주며 살라는 큰 뜻을 지금에서야 깨닫는다. 공교롭게도 우리 가족의 밴드명은 '행복 발전소'다. 나와 가족의 꿈을 충전해주는 행복 발전소. 오늘도 복순이는 행복 발전소에서 '꿈'을 충전하며 뭇사람들에게 복을 방전하며 살고 있다.

06

스텝 바이 스텝

조선 황희 정승의 '누렁소 검정소' 이야기가 재미있다. 논에서 일하던 소 두 마리를 본 황희가 어느 소가 일을 더 잘하냐고 묻자마자 농부가 곁으로 다가와 귓속말로 '한낱 미물이지만 짐승도 자기에게 나쁜 말은 알아듣습니다'라고 속삭였다. 황희는 크게 깨닫고 평생 겸손하게 청백리로 덕을 베풀며 살았다는 일화다.

어린 시절 고향 밤실(율곡)마을은 한우마을이었다. 정말 가난한 사람을 빼면 집집마다 황소 한 마리씩은 키웠다. 부모님도 할아버지 할머니도 우리 집 황소 세 마리는 자식 대하듯 정성껏 돌보셨다. 작두로 썰어둔 볏짚에 건초와 쌀겨를 가마솥에 넣고 소죽을 푹 끓였다. 황소가 여물을 먹을 때는 머리를 쓰다듬으며 사랑스러운 눈빛으로 다정히 말했다. "많이 먹고 건강해라." 우리 집 황소는 짐승이 아닌 한 식구였다.

큰오빠 대학 입학 때였다. 재산목록 1호 우리 집 황소 한 마리를 팔아야 했다. 어쩔 수 없어 엄마 친정 동네 사람에게 팔았다. 농부인 아버지는 그렇게 치열하게 자식들을 교육시켰다. 마을 앞 청년산 재 넘어 재동마을까지 족히 5리는 걸어야 했다. 뉘엿뉘엿 해질 무렵 팔았던 황소가 우리 집으로 찾아왔다. 황소를 끌어안고 할머니가 우시자 우리 형제들도 따라 울었다. 순식간에 울음바다가 되었다. 소를 쓰다듬으며 할머니는 '이제 여기가 느그(너희) 집이 아니고 거기가 느그 집이다잉!'이라고 일렀다. 영리한 황소는 순하게 생긴 큰 눈만 껌뻑거렸다.

소죽을 끓여 먹이고 고삐를 잡고 재동마을로 갔다. 할머니의 껌딱지였던 나는 할머니를 따라 졸래졸래 걸어갔다. 어린 마음에 할머니와 황소의 마음을 조금이나마 이해하려고 했던 것 같다. 학원이라곤 주산학원이 전부였다. 학교를 마치고 주산학원에 들러 주판알을 튕기며 암산하고 사칙연산도 하고 집으로 돌아왔다. 겨울에 산은 춥고 풀도 없어 소도 쉬고 나도 쉬었다.

봄부터 늦가을까지 소를 몰고 쇠보탕 산으로 풀을 먹이러 갔다. 1시간 동안 걸어 산에 도착해 소들을 풀어놓았다. 방목이었다. 그때부터 동네 언니, 오빠, 친구, 동생들이 함께 했다. 마을 소들이 30~40마리였으니 사람 수와 비슷했다. 한여름에는 너무 더워 씩씩대며 산에 도착한다. 쇠보탕 산은 소우주가 되어 우리 놀이터가 되어주었다. 설탕이 귀한 시절이어서 사카린을 싸가 개암나무 잎사귀를 접어 옹달샘 물을 떠 사카린을 타 마시면 '꿀맛'이었다. 말타기, 공기놀이, 술래잡기를 하며 시간가는 줄 몰랐다. 배고프면 엄마가 준비해준 볶은 콩이나 삶은 고구마를 먹었다.

앞산에 노을이 물들면 한 마리씩 소들이 내려왔다. 소들의 그런 행동이 처음에는 신기했다. 그러던 어느 날 우리 황소가 보이지 않았다. 그 순간 얼마나 놀랐는지 눈앞이 캄캄하고 눈물이 핑 돌았다. 언니, 오빠들은 느긋하게 산 위로 올라가 워낭소리가 나는 곳으로 갔다. 나뭇가지에 고삐가 걸려 못 내려온 것이다. '휴' 한숨 쉬며 집으로 돌아왔다. 작은 오빠와 함께 가면 소등에 나를 태워주었다. 휘파람을 불며 굽이굽이 산모퉁이를 돌아 내려올 때는 세상이 내 발아래 있었고 나는 세상에서 가장 행복한 산골 소녀가 되었다.

올봄 경북 울진 산불피해 지역에서도 한 노부부가 황소 20마리를 풀어주었다. 다급하니 어쩔 수 없었겠지. 황소들이 불을 피해 있다가 다시 돌아와 희망의 불씨를 살릴 수 있었다는 감동적인 실화였다. 어찌 보면 내 유년 시절 황소에 얽힌 추억은 한 걸음 한 걸음 내 삶을 단계적으로 걷게 해준 참교육이었다.

어떤 이력서다.

1816년 집을 잃고 길거리로 쫓겨남
1818년 어머니 사망
1831년 사업 실패
1832년 주의회 의원선거 낙선
1833년 다시 사업 실패
1834년 주의회 의원 당선
1835년 약혼자 사망
1836년 신경쇠약에 걸림
1838년 하원의장 선거 패배

1840년 선거위원 선거 낙선
1843년 하원의원 선거 낙선
1846년 하원의원 당선
1848년 하원의원 선거 낙선
1855년 상원의원 선거 낙선
1856년 부통령 선거 낙선
1858년 상원의원 선거 낙선
1860년 드디어 대통령이 되다

'나는 천천히 가는 사람입니다. 그러나 뒤로 가지는 않습니다.' 미국 제16대 대통령 에이브러햄 링컨의 말이다. 대통령 선거에서 패한 링컨은 이발소에 가 이발하고 구두끈을 다시 맸다고 한다.

스승의 날 초등학교 담임선생님이었던 정박신 선생님께 안부 메시지를 보냈다. 그다음 날 통화했다. "복순이 네가 학교 대표로 뽑혀 광양읍내 동초등학교로 글짓기 대회에 나가 대상을 받았잖니?" 선생님의 기억력에 깜짝 놀랐다. 국어 시간을 유난히 좋아했던 것도 기억해 주셨다. 많은 제자를 둔 선생님이 기억해 주시니 그저 감사했다.

서정주 시인은 '자화상'에서 '스물세 해 동안 나를 키운 건 8할이 바람이다'라고 했다. 되짚어 보면 오늘날의 나를 키운 건 8할이 책이었다. 해마다 이맘때 고향 논밭에는 청보리 물결이 출렁거렸다. 보리는 추운 겨울을 견디고 봄을 지나 춤추는 물결을 이루는 여름을 맞이한다. 겨울에는 보리가 얼지 않도록 보리밟기를 해주었다. 작은 오빠와 엔질 밭에 가 보리밟기를 했다. 보리를 사뿐사뿐 지려 밟고 지나가야

하는데 방법을 모르는 나는 한자리에서 빙글빙글 돌며 보리를 밟았다. 저만치 앞서가던 작은 오빠는 내가 따라오지 않자 뒤돌아보았다. 너무 세게 밟지 말고 살짝 밟고 걸어가라고 일러주었다. 청보리를 볼 때마다 몹시 추웠던 그때가 떠오른다.

그 시절 전집이나 단행본이 있는 집은 거의 없었다. 저녁이면 사랑방에 모여 할머니와 오빠가 들려주는 옛날이야기를 듣곤 했다. 학교 도서관을 빼면 책 읽을 기회가 없었으니 옛날이야기는 솔깃하고 재미있었다. 할머니가 젊었을 때 호랑이가 마을 입구까지 내려왔다는 이야기는 무서웠다. 화장실이 뒤뜰에 있었는데 무서워 동생을 앞세우고 가기도 했다.

그날 밤은 영락없이 호랑이에게 쫓기는 꿈을 꾸며 꿈속에서 마구 달렸다. 오빠가 들려주는 이솝이야기는 아무리 들어도 들을 때마다 좋았다. 그 영향을 받아 책을 많이 읽게 되었다. 글쓰기에도 흥미를 느끼고 열심히 썼다. 그 덕분에 등단해 '참여문학 신인상'도 받았다. '오은 문학상'에 이어 2021년에는 '샘터 문학우수상'을 받는 쾌거를 이루었다. 스텝 바이 스텝. 황소걸음이어도 큰 걸음이다. 느린 걸음이어도 제 속도를 지키면 빨라진다. 속력은 따라잡는 것이 목적이 되면 안 된다. 속도는 빠르기이지만 속력은 방향이다. 제 속력을 유지해 제 갈 길을 바로 보고 걸으면 어느새 목적지에 다다른 '나'를 만난다.

07

창조적인 생각은 꿈을 이루는 지름길이다

"혹시 나는 갈 곳이 없는 것 아닐까?"

"지도만 보면 뭘 해? 남이 만들어놓은 지도에 네가 가고 싶은 곳이 있을 것 같니?"

"그럼 내가 가고 싶은 곳은 어디 나와 있는데?"

"너만의 지도를 만들어야지."

동화 『이상한 나라의 앨리스』에 나오는 대화다. 더부살이 인생이나 지나치게 관심만 받으려는 인생은 둘 다 '나'를 잃은 삶이다. 남이 중심에 서 있고 '나'가 빠진 삶에서 나는 한낱 껍데기에 불과하다. 영화 속 주인공은 아니더라도 내가 감독하는 내 인생 영화에서는 적어도 내가 주인공인 것이 맞다. 엑스트라, 카메오 둘 다 나와 이웃한 출연자다. 물론 나는 그들이 주인공인 영화에 조연이나 단역으로 출연하겠지만.

나만의 인생을 창조하기 위해 지금부터 나만의 지도를 만들자. 유턴 없이 오직 직진만 가능한 인생살이에서 스스로 연출할 수 있는 시나리오대로 각색하면 그만이다. 실수하든 성공하든 오직 직진뿐이다. 할 만큼 했는데 까짓것 실패하면 어떤가. 낙심 안 하면 그만이지. '나아가는' 힘이 추진력이 될 텐데.

시댁 산에 자생하는 춘란은 특히 밤나무 아래서 많이 자랐다. 아버님이 살아계실 때 만 정보가 넘는 산이라며 자랑하던 선산이다. 어머님 생신 무렵 감독관이 시댁에 다녀왔다. 밤산에서 자라는 춘란을 보자 캐 화분에 옮겨 심고 싶다고 했다. 집으로 들어서는데 손에 커다란 쇼핑백이 들려 있었다. 그렇게 내게 새로운 숙제 하나가 생겼다.

불과 며칠 후 석봉 엄마와 반포 고속버스터미널 지하상가에 화분을 사러 갔다. 겸사겸사 구경도 하자며 이웃 친구인 순희 씨도 함께 했다. 동갑내기 친구여서 순희라고 불러도 좋았겠지만 친구가 되기 전부터 석봉 엄마라고 부르던 것이 습관으로 굳었다. 그런 탓에 석봉 엄마가 먼저다. 우리 집과 담장을 사이에 둔 이웃이었다. 남편은 장재근 씨여서 자연스럽게 오라버니라고 불렀는데 그만한 사연이 있다. 그분들의 헌신적인 이웃 사랑이 한몫했다. 단독주택에 사는 오라버니가 닭장에 키우던 닭을 잡아 백숙을 만들어준 날부터였다. 도시에서는 보기 드문 정이었다. 백숙을 만들어준 날부터 기념으로 석봉네, 미란네, 승연네, 유리네는 계모임을 조직했다. 빙어를 잡아왔다고 모였고 쑥떡을 했다고 모였다. 재미있는 건수를 만들어 시시때때로 모였다.

상도동 약수터에는 매일 웃음꽃이 만발했다. 가족처럼 서로 아끼고 친하게 지내 주변 사람들의 부러움을 살 정도였다. 맛있는 추어탕이나 오리탕을 끓이면 시어머님은 계모임 가족을 부르신다. 막둥이 아들 내외와 함께 잘 지내니 불러 만찬을 함께 했다. 유리 친구인 미란이가 바다 구경을 한 번도 못 했다길래 딸처럼 생각해 데려간 적도 있다. 미란이는 그렇게 살뜰히 챙겨주는 나를 이모라고 불렀다. 그렇게 친해진 석봉 엄마와 고속버스터미널에 가 바람도 쐬고 난초 화분 열 개와 난초를 심을 재료를 사왔다. 난초를 심어놓고 보니 뻗친 선이 너무 아름다웠다. 보고만 있기에는 아까운 자태였다. 무릎을 '탁' 치게 할 정도의 작품 탄생에 자아도취에 빠졌다. 어머님과 형님 댁에도 드리고 계모임 동지들에게도 선물했다. 어디서 이런 명품 난초를 구했냐며 반응이 뜨거웠다. 우리 집 베란다에도 턱 하니 터줏대감처럼 당당히 서 있는 자태가 기품이 있어 보기 좋았다.

춘란의 매력에 빠져 결국 일을 저지르고 말았다. 꼬마 신랑을 졸라 난초 화분 30개를 더 산 것이다. 레디, 액션. 행동대장은 '행동' 앞에서 절대로 머뭇거리지 않는다. 흥선대원군 이하응의 '석파란'이 명성이 자자했다는데 난초를 가까이서 보자 난초를 쳤던 그를 이해하게 되었다. 춘란을 화분에 부지런히 심었다. 판매할 곳도 정해두었다. 내 머릿속 지도에 이미 밑그림이 그려져 있으니 설렘 그 자체였다. 유동인구가 많은 고GO 마트 맞은편이 안성맞춤이었다. 똑같은 춘란도 화분 무늬에 따라 상 · 중 · 하로 나뉘었다. 상품은 2만 원, 중품은 만 오천 원, 하품은 만 원으로 정했다.

원래 사람 만나길 좋아하는 나는 어서 만나 판매하고 싶었다. 가장 근사한 화분을 환룡이 유치원 원장님에게 선물했다. 난전에 펼쳐진 2만 원짜리 화분을 천 원만 깎아달라면 흔쾌히 에누리해드렸다. 지인이 선뜻 화분을 사주면 엔도르핀이 샘솟았다. 이틀 동안 완판한 특별한 경험은 '창의적 생각'을 발견한 덕분이었다.

며칠 후 열릴 학교 운동회에 동생들이 한껏 들떠 있었다. 언제 하는지 물어보니 때마침 내가 다니는 옥룡중학교 개교기념일이었다. 기발한 생각이 떠올랐다. '아이스케키' 장사였다. 가을 운동회라지만 날씨는 더웠다. 요즘에야 아이스크림 종류가 워낙 많아 어느 걸 먹을지 고민이지만 당시는 아이스케키밖에 없었다.

요즘 아이들은 이해하기 어렵겠지만 그때는 그랬다. 할머니가 요즘 아이들에게 '6 · 25전쟁 때는 먹을 게 없어 굶었다'라고 하면 '그럼 할머니, 라면 끓여 먹지 그랬어요?'란다니 말 다 했다. 아이스케키도 마찬가지였다. 나 혼자서는 할 수 없어 함께 할 동네 친구를 물색했다. 선순, 옥임, 순남 친구에게 함께 장사하자고 건의했다. 의기투합한 우리 넷은 구체적인 장사 계획을 세웠다. 학교에서 가까운 상평마을에 아이스케키 대리점이 있었다. 대리점에서 아이스케키를 담을 대형 아이스박스를 학교로 배달해 주겠다는 약속을 미리 받았다.

운동회날 운동장은 인산인해였다. 학생 반, 어른 반 오가는데 온통 사람뿐이었다. 1년에 한 번 열리는 고장 축제이니 당연했다. 가을 하늘을 수놓은 만국기는 가을 운동회의 꽃이다. 천고마비 계절에 치르는 가을 운동회는 꽃구름이 되어 흩날리고 있었다. 아이스케키 통을 구령대 맞은편 그네 옆에 두었다. 물푸레나무 그늘이어서 위치는 최고였다.

운동장 주변은 사람들로 빼곡히 찼고 운동장 안에서는 학생들 대결이 한창이었다. "청군 이겨라", "백군 이겨라" 운동장이 떠나갈 듯 함성이 높아지자 슬슬 장사에 시동을 걸었다. 숫기 없는 순남이는 아이스박스 통을 지키며 판매하게 했다. 나는 오른쪽으로 돌고 선순이는 왼쪽으로, 옥님이는 구령대 쪽으로 다니며 팔았다.

기마전에 이어 오자미로 박 터트리기 시합이 시작되었다. 오른쪽 담당이던 나는 선배 오빠, 언니들을 만나 아이스케키를 팔았다. 작은집 당숙모를 만나 '당숙모, 아이스크림 드릴게요. 그냥 드세요'라고 하자 '무슨 말하는 것이여! 얼마나 남는다고. 벼룩의 간을 꺼내 먹지'라고 하셨다. "하하! 당숙모, 그런 말도 있어요?" 생소한 말인데도 내가 좋아하는 당숙모가 말씀하시니 웃음부터 나왔다. 당숙모는 돈을 내고 거스름돈도 안 받았다. "청군 이겨라", "백군 이겨라" 운동장에서 쏟아지는 함성은 잦아들 기미가 안 보였다. 힘찬 함성은 아이스케키나 잘 팔라는 응원 소리로 들렸다. 교문 쪽으로 가니 솜사탕 파는 아저씨도 바빠 정신이 없었다. 솜사탕은 하늘에 뜬 뭉게구름을 닮았다.

마을 사람들 잔칫날이다. 삶은 달걀과 삶은 밤 등 먹을거리도 풍성했지만 우리가 파는 아이스케키가 불티나게 팔렸다. 이게 바로 신바람이다. 신바람 나니 덩달아 신났다. 아주 오래전 추억이어서 아이스케키 한 박스를 팔면 얼마가 남는지 세세한 생각은 없다. 번 돈으로 무엇을 하겠다기보다 아이스케키를 원가에 먹을 수 있다는 것 자체가 마냥 즐거웠다. 기억 저편 추억을 꺼내 보니 넷이 조금씩 나눈 기억이 났다.

할머니는 옛날이야기를 자주 들려주었다. 그중 한 가지, 옛사람이 '일은 밤 가시요 밥은 함지 함지 먹고 싶다'라고 했단다. 직역하면 일은 하기 싫고 밥은 많이 먹고 싶다는 뜻이다. 옛사람 닮지 말고 부지런하라는 교훈이 담겨 있다. 함께 했던 친구 옥임이는 애석하게도 30대 후반 밤하늘의 별이 되었다. 뭐가 그리도 급했길래. 가을 운동회 날 만국기는 펄럭이고 그날 기억은 아직도 생생한데.

중학교 2학년 시절의 작은 '시도'는 나름 참신한 발상이었다. 해오던 방식은 참신할 수 없다. 해보지 않은 방식이어야 통한다. 앉아서 놀면 새로움은 없다. 꼼지락거려야 뭐라도 건진다. 번개보다 빨리 스쳐 지나가는 생각이 있으면 지금 바로 붙잡는다. 1초도 머뭇거리지 않고 자리에서 일어선다. 일러주는 대로 길을 따라가면 내비게이션, 내 생각대로 가고 싶은 대로 가면 '나만의 지도'다. 나대로 연출하고 각색하며 가보니 그 길에는 지금까지 듣도 보도 못한 별난 세계가 펼쳐져 있었다.

꿈꾸지 않으면 사는 게 아니다

01

지금 이 순간 설렘주의보 발령

두드림. 낙숫물이 바위를 뚫는 비결은 '강도'가 아닌 '빈도'다. 한 곳에 끊임없이 집중하는 힘에 비로소 뚫린다. 두드리고 두드리고 또 두드린다. 아무리 잘 벼린 칼도 두꺼운 A4 뭉치에 결코 구멍을 못 낸다. 두툼한 종이 묶음을 뚫을 수 있는 것은 송곳뿐이다. 뾰족한 송곳 끝에 모든 힘을 담았기 때문이다.

큰일도 작은 관심에서 비롯된다. 관심이 취미가 되고 취미에 재미를 붙이기 시작하면 이내 특기로 바뀌는 경험을 지금까지 숱하게 했다. 한 번 시작된 관심을 중간에 웬만해선 놓치지 않고 끝까지 부여잡았다. '조금만' 더 붙잡을 힘이 있다면 기어이 '웃는 날'을 마주하기 때문이다.

사진 촬영이 취미였던 나는 주로 이슬을 많이 촬영했다. 꽃과 거미줄 풍경 사진을 촬영할 때는 행복했다. 새벽 산행 도중 거미줄에 맺힌 영롱한 이슬을 만나 감탄사를 연발하며 마음을 빼앗겼다. 햇살이 비치면 찰나에 사라지는 이슬도 일단 촬영해 마음속에 담았다. 촬영한 사진을 지인들에게 보내주면 덩달아 행복해했다.

그러던 중 퇴촌 면사무소 직원이 내가 촬영한 사진을 보게 되었다. 우리만 감상하기에는 너무 아깝다며 '퇴촌 토마토 축제'를 추천했다. 전 국민이 모이는 축제에 '행복 바이러스'를 전파하면 좋겠다고 적극적으로 추천했다.

퇴촌 토마토가 맛있고 유명해진 데는 두 가지 큰 이유가 있다. 인공수정이 아니라 꿀벌이 수정하고 여기에 비옥한 토양이 한몫했다. 이토록 뜻깊고 성대한 퇴촌 축제에 대충 내놓았다가 누가 되면 안 된다는 생각이 컸다.

막상 시작하자 준비 과정은 간단하지 않았다. 박종우 사진작가가 사진을 편집해주고 출력도 해주었다. 액자만 400개 이상 주문했다. 사진을 액자에 넣는 데만 쏠쏠한 시간이 걸렸다. 작품을 옮기는 과정에서 길표 남동생이 도와주었다. 작품을 걸어주고 떼주고 뙤약볕에서 수고하고 가까이서 응원해준 동생이 듬직하고 고마웠다.

2016년과 2017년 '퇴촌 토마토 축제'에서 시화전을 선보였다. 첫해에는 경험 없는 티가 났다. 작품을 무작위로 걸었더니 모양새가 없었다. 하지만 경험이 쌓인 이듬해에는 요령이 생겼다. 시는 시대로 걸고 잣, 꽃, 이슬, 버섯, 거미줄, 풍경 사진 등 종류별로 분류해 '스토리'를 하나로 엮었다. 버섯 사진에 신기해하는 유치원생과 초등학생들을 보며 애쓴 보람에 보상받은 기분이었다. 자연의 가치에 남녀노소 기뻐하는 모습을 지켜보는 나도 덩달아 뿌듯하고 나 자신이 미뻤다.

시화전뜰 길목에는 문전성시 인산인해
그제어제 오늘까지 오고가는 인파속에
피어나는 함박웃음 축제마당 무대에는
볼거리도 하고많고 먹을거리 풍성하여
어디에다 눈길둘까 은행나무 그늘아래
빨강의자 자리잡고 뙤약볕을 피하면서
하늘보고 냇물보니 하늘에는 뭉게구름
둥실둥실 흘러가고 기러기떼 넘나들며
시화전을 구경하네 시냇가엔 돌돌돌돌
흘러가는 시냇물과 한들한들 개망초꽃
초록풀잎 한창일세 해협산에 밤꽃향기
바람결에 실려오면 부는바람 싱그러워
이내가슴 울렁이네 센스쟁이 흑진주의
작품보고 감동하는 뭇사람의 칭찬속에
하루해가 저무누나 땅거미가 내리거든
나도이제 파장하고 불꽃놀이 한마당에
남은열정 불태우리 태양처럼 뜨거웠던
시화전도 이제그만 정유년을 기약하며
아름다운 마무리에 고단함을 내려놓네

시화전을 마치고 양평 '발효 스꼴레' 3기에 등록했다. 우리를 지도하는 이미란 선생은 발효의 대가였다. 나를 포함해 검숙, 가영, 미숙, 미화, 성숙, 오경, 은영, 혜경 아홉 명이 공부했다. 나는 실장으로 뽑혔고 조교로는 김미화 씨가 뽑혔다. 매주 화요일에 만나 종일 수업을 듣는 6개월 과정이었다.

발효. 발효란 효모나 세균 따위의 미생물이 유기 화합물을 분해해 알코올류, 유기산류, 이산화탄소 등을 생성시키는 작용이다. 미생물이 생존해 우리 생활에 유용한 물질이 만들어지는 것이 발효다. 반대로 악취가 나거나 유해물질이 만들어지는 것은 발효가 아니라 부패다.

발효와 부패는 한 끗 차이다. 김치, 치즈, 요구르트는 '젖산 발효'이고 막걸리, 맥주 등의 술은 '알코올 발효'다. 막걸리를 직접 담가보는 체험도 흥미로웠다. 고두밥을 쪄 백국, 흑국, 황국을 띄웠다. 막걸리를 담글 때는 쌀을 씻어 물에 불린 후 고두밥을 쪄 식혔다. 고두밥을 잘게 부수고 누룩과 백국을 골고루 섞어준다. 짚으로 소독한 항아리에 섞은 내용물을 넣고 물에 손을 짚어 손목 위까지 붓는다. 일주일만 기다리면 막걸리가 발효되어 풍미가 난다. 겨울에는 따뜻한 아랫목에서 발효시켜야 맛있는 막걸리가 탄생한다. '우르릉 쿵쾅' 항아리 속에서는 뇌성이 울리며 고두밥이 춤춘다.

막걸리가 익어가는 과정은 이렇다. 발효되는 과정은 경이롭고 굉장하다. 잘 익은 막걸리 냄새는 코가 벌름거리게 만드는 요술쟁이다. 용수를 박고 잘 익은 막걸리를 사발에 떠 동기생들끼리 맛보았다. 그런 다음 체에 거르고 술지게미는 밭에 거름으로 쓰고 막걸리는 병입했다. '발효 스꼴레'에서 막걸리 담그는 법을 배우고 직접 만든 막걸리를 지인들에게 선물했다. 너무너무 맛있어 입에 쩍쩍 붙는다며 모두 칭찬을 아끼지 않았다. 막걸리를 만들어 팔아도 되겠단다.

포도로 와인 담그는 법도 배웠다. 소줏고리에 불을 때며 증류주 만드는 법도 체험했다. 된장, 고추장을 담그며 실습했다. 점심시간에는 직접 버무린 김치와 막걸리를 한 잔씩 마셨다. 재미있는 건배사도 빠뜨리지 않았다. '소취하 당취백' 소주에 취하면 하루가 즐겁고 당신에게 취하면 평생이 즐겁다. '청바지' 청춘은 바로 지금부터.

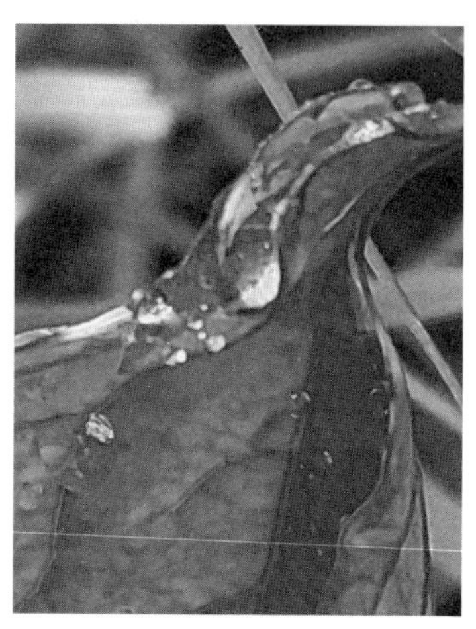

봄에는 온갖 약초를 캐고 봄나물로 백약초를 담근다. 송홧가루가 날리면 부드러운 솔잎을 채취해 쑥과 발효시키면 그 맛이 으뜸이다. 나는 정성을 다했을 뿐이고 자연이 자연스럽게 발효시켜 주었다. 환삼덩굴을 깨끗이 씻어 물기를 빼고 설탕과 1대1 비율로 버무려 숨 쉬는 항아리에 넣고 발효시킨다. 환삼덩굴 줄기의 가늘고 까슬거리는 가시에는 사포닌 성분이 풍부하다. 맛있어 개가 뜯어 먹기도 한다. 흔히 '개 풀 뜯어먹는 소리한다'라고 말하는데 명백한 사실이다. 개 코 상처에서 피가 나도 환삼덩굴을 포기하지 않고 뜯어먹는다. 환삼덩굴 잎사귀는 튀김가루에 버무려 식용유에 튀겨 먹어도 맛있다.

김미화 조교는 NGO 사업을 하면서 나눔을 실천하는 훌륭한 분이어서 금방 친해졌다. 이름이 막냇동생 미화와 같았다. 생일은 음력 8월 21일로 내 생일과 같았다. 별장 초대를 받아 발효 수업을 함께 진행했다. 주말에 오면 자주 만나 밤새도록 이야기꽃을 피우다가 잠들곤 했다. 까칠한 강아지 밀크가 내 옆에서 자고 실장님을 좋아하는 게 신기하다고 했다. 발효는 햇볕 50, 달빛 20, 별빛 15, 이슬 15를 담은 보물섬의 숨은 그림 찾기다.

이 땅이 선사한 선물을 벌레에게도 한 입 양보하는 삶을 살며 발효를 배워 '발효 1급 마스터' 자격증을 땄다. 삶은 발효이고 인생은 숙성이다. 항아리 속 내용물이 발효되는 과정은 설렘이다. 밥은 먹었냐고 늘 물어보며 사람은 밥심으로 사는 거라던 친정엄마가 보고 싶어 그립고 설레듯 매 순간 '설렘주의보'가 발령되는 느낌이다.

02

꿈꿀 때 인생은 빛난다

'결정적 모멘텀'. 단순한 순간 모멘트 덩이가 결정적 때를 맞는 '경우'를 경험한다. 기다린다고 오는 게 아니고 멈춘다고 다가서는 게 아니다. 문어나 산호처럼 잘 벼린 촉수를 늘 품고 있어야 때를 만난다. 여차하면 일순간 멈춤도 없이 촉수를 뻗어 바라던 것을 거머쥔다. 흐름이 속도가 되고 속도가 가속도가 되는 '때'다. 또렷한 순간은 누구에게나 있다.

2002년. 한일 월드컵 4강 신화에 온 국민이 들뜬 한 해였다. 그해 봄부터 압구정동 신구초등학교 후문쪽 토털 패션 상점 '첼시'를 시댁 작은 형님과 함께 운영했다. 손님이 뜸할 때는 좋아하는 글쓰기를 했다. 노트에 체계적으로 적는 것이 아니라 훌륭한 글을 필사하거나 연습장에 그냥 끄적거리는 정도였다. 그러던 중 단골손님이던 박종수 사장이 쓴 시를 보고 순수해 좋다며 칭찬을 아끼지 않았다. 하루는 뜬금없이 두툼한 대학 노트 한 권을 선물로 건네며 소중히 쓴 글을 아무 데나 적지 말고 노트에 정성껏 적으라고 일러주었다. '앞으로 독자들의 심금을 울리는 훌륭한 시인이 되라'라는 말도 빠뜨리지 않고 격려해 주었다.

'그래, 시작해보는 거야' 지금부터 노력하면 등단 시인이 될 수 있다고 생각하니 난데없이 심장이 마구 뛰었다. 이를 계기로 시를 쓰다 보니 어느새 200편이 훌쩍 넘었다. 시작이 반이라고 했던가. 보나파르트 나폴레옹은 '모든 성취의 출발점은 꿈꾸는 데서 시작된다'라고 했다. 이보다 더 중요한 것은 자신이 감당하고 이룰 수 있는 가장 큰 꿈을 꾸는 것이다. 내 꿈이 한 발 더 가까이 다가오는 느낌이 들었다.

5년 후 봄 양주로 이사했다. 막내를 양주 효촌초등학교로 전학시켰다. 활달한 성격에 오지랖 넓은 나는 거기서도 학부모 회장직을 맡았다. 얼떨결에 교장선생님을 자주 만날 기회가 주어졌다.

학부모 회의가 열리던 날 학교 복도에서 송운 도기종 시인의 시가 적힌 액자를 보았다. '교장선생님과 동명이인인가?' 당장 호기심이 발동해 시를 쓴 주인공이 궁금해졌다. 복도를 지나가던 선생님 한 분께 물어보니 도기종 교장선생님은 참여문학에 등단한 시인이라고 알려주었다. 내심 부러웠다. 그전에 학부모 회장으로서 교내 신문에 가끔 글을 올렸다. 내 글을 읽었는지 회의 끝자락에 교장선생님은 글솜씨가 예사롭지 않다며 시를 써보는 게 어떻겠냐며 넌지시 의중을 떠보았다. 어필할 기회가 '이때다'라는 생각에 마음이 살짝 요동쳤다. 사실 이미 200편 이상 시를 쓴 아마추어 시인이라고 귀띔해주자 교장선생님은 눈을 반짝이며 관심을 보였다.

그다음 날 시가 적힌 대학 노트를 보여드리자 깜짝 놀라며 등단하는 길을 알려주었다. 이 정도 실력이면 등단은 떼놓은 당상이라며 환하게 웃었다. 송운 도기종 교장선생님의 추천에 힘입어 『참여문학』에

'이런 사람이 되고 싶습니다' 등 세 편의 시를 보냈다. 결과를 기다리는 시간이 지루할 수도 있겠지만 왠지 느낌이 좋았다.

2007년 8월 4일 학수고대하던 반가운 소식이 문자로 먼저 도착했다. 너무 기뻐 문자를 보고 보고 또 보고 눈가가 젖었다. 눈물이 흘렀다. 뜨겁게 뜨겁게. 그러면서도 가족, 친구, 지인들에게 소식을 알렸다. 괜히 어깨가 으쓱해지고 힘이 들어갔다. "축하해", "축하한다", "축하합니다" 휴대폰에 불이 났다. 전화가 쇄도하고 문자는 홍수였다. 철부지 시인의 첫 번째 꿈이 이루어지는 순간 가슴에 불이 붙었다.

등단 소식이 들려올 때 정작 나는 흑석동 중대병원에 있었다. 어깨수술을 한 시어머니 간병 중이었다. 조카가 그 병원에 의사로 근무해 선택한 병원이었다. 형님과 누나들이 번갈아 가며 간병하기로 한 약속이 무색해졌다. 시어머님께서 막내 유리네가 간병하기로 했다며 내게 아무 언질도 안 주고 말씀하시니 아니라고 할 수도 없었다. 솔직히 말해 막내가 아직 어리고 학교 다니는 학생이 셋이나 있어 선뜻 내키지 않았지만 어머님이 '너는 며느리가 아니라 내 딸이다'라며 예뻐해 주셔서 이번 기회에 효도하리라 마음먹은 것이었다.

병원에서 보름가량 지냈을까. 병원에서 쪽잠을 자가며 병간호하느라 쌓인 피로는 등단 소식에 봄날 눈녹듯 사라졌다. 하늘은 착한 사람에게 복을 주는구나. 한편으로 감사하고 또 다른 한편으로 혼자 감동했다. 시인의 길로 이끌어주신 도기종 교장선생님께 감사의 인사를 전했다. 보름달 뜨는 보름날 삼립 보름달 빵을 사먹던 소녀. 여고 시절 학교에서 단체로 영화관람을 가 슬픈 장면을 보고 얼마나 울었던지 눈이 퉁퉁 부었던 그 소녀. 봄에는 뒷산 진달래꽃 따러 가 휘파람 불며 마냥 신났던 소녀. 꿈 많던 문학소녀가 자라 시인이 되었다.

세상 사는 동안 우리에게 주어진 시간은 무한하지 않다. 누구나 똑같이 하루 24시간을 선물로 받지만 25시간처럼 사용하는 사람이 있다면 바로 나라고 말하리라. 12시간처럼 헤프게 허비하는 사람도 가끔 있다고 한다. 그동안 철두철미한 시간관리를 해가며 무슨 일이든 최선을 다해 살았다. 그렇게 첫 번째 꿈은 꿈처럼 이루어졌다. 꿈이 아닌 생시다. 생방송 라이브다. 나는 시인이로소이다.

"안녕하세요? 진지는 드셨어요?"

내가 사는 양주 덕도리 마을에 여든이 넘은 연세에도 깔끔하고 정정한 할머니 한 분이 계셨다. 한참 후 알게 되었는데 자식 셋이 하늘나라로 먼저 떠났단다. 가슴이 얼마나 짠하던지 그때부터 어머니처럼 잘해드리기로 마음먹었다. 만나면 안부 먼저 여쭙고 반갑게 인사드렸다. 어느 정도 친해지자 조심스럽게 '어머니라고 불러도 될까요?'라고 여쭙자 뜸도 안 들이고 단번에 좋다고 대답하셨다. 어쩌면 많이 외로우셨던게 분명하다. '그래, 그렇게 말하길 잘했어. 진심은 통하는 거야'라고 마음속으로 칭찬했다. 보이지 않는 미소가 번졌다.

"어머니!"

대답이 떨어지길 기다렸다는 듯 불렀다. 어머니라고 부르게 허락해 주셔서 감사합니다. 그러고는 곧바로 어머니와 딸이 되었다. 서울에 볼일을 다녀올 때마다 방앗간에 들러 인절미와 시루떡을 사다 드렸다. 뭘 좋아하시냐고 묻자 고기는 생전 입에도 안 댔고 떡이나 나물을 좋아한다고 하셨기 때문이다. 양주 장날에는 겉옷도 사다 드리고 진짜 엄마처럼 살갑게 대했다. 그렇게 정이 들면서 나도 모르게 '엄마!'라고 부르는 나를 발견했다. 남편이 지방 출장이라도 가는 날에는 엄마 집에서 함께 자기도 했다. 청소도 해드리고 설거지도 해드리면 "아이고, 애기 엄마 고마워요." 인사하셨다. '딸한테 말씀 편하게 하세요'라고 해도 그때는 말을 놓지 않았지만 점점 다정하고 편하게 대해주었다.

"유리 엄마! 요 앞 추어탕집 알지?"

"네, 왜 그러세요?"

추어탕집은 어머니 조카가 운영하는 식당이라고 했다. 홀서빙할 사람이 부족해 일할 사람을 뽑는단다. 애들 학교 보내고 해보면 어떻겠냐고 권했다. 그곳 식당이 양주 시내와 떨어져 사람 구하기가 쉽지 않다고 했다. 딸처럼 여기고 건네는 부탁이어서 마음 약한 나는 거절도 못 하고 '할 수 있다'라고 대답부터 했다. 마음에 걸리는 게 하나 있었다. 꺾일 줄 모르는 대나무 같고 자존심으로 치면 설악산에 우뚝 솟은 울산바위 같은 남편이 문제였다. 어쩔 텐가. 남편에게는 비밀에 부치고 나만 아는 알바 생활이 그렇게 시작되었다.

비밀은 결코 오래 못 가 탈이다. 남편은 귀동냥으로 들었는지 대뜸 화부터 내며 발끈했다. 명색이 감리사 현장 소장인데 가져다주는 돈이 부족해 그러냐며 앞뒤 가리지도 않고 역정을 내며 당장 그만두라고 윽박질렀다. 자기 자존심이 상한다나. 그러니 그에게 '감독관'이라는 별명을 지어준 거지. 따져도 소용없겠지만 굳이 따져 묻는다면 내가 건강해 일할 수 있는데 왜 간섭이람. 자존심 상하는 문제라면 내 자존심이 상하는 일이지. 평생을 살아도 그놈 속은 알다가도 모를 일이다.

그곳 추어탕집은 '대박집'으로 소문나 매일 손님들로 장사진을 이루었다. 땀으로 목욕한다는 표현이 맞을 것 같다. 발에 땀이 나 양말이 다 젖을 정도였다. 그도 그럴 것이 추어탕 그릇이 묵직한 뚝배기여서 힘센 내가 들어도 만만치 않았다. 힘들어도 내색하지 않고 한 번 들른 손님도 기억해주고 웃으며 반갑게 인사했다. 난생처음 팁을 받았다. 그 돈을 나 혼자 챙기지 않고 주방에서 나보다 힘들게 일하는 혜숙 아줌마와 똑같이 나누었다. 나야 낮에 잠시 일하는 알바이지만 그분은 온종일 붙박이로 일하니 얼마나 힘들까. 그분을 응원하고 싶은 마음에서 우러난 진심이었다.

추어탕집 사모님은 알바 일을 그만두었는데도 첫 시집 『그리움 0516』 출간 때 다섯 권이나 시집을 사주었다. 그곳에서 일할 때는 예쁜 티셔츠도 많이 사주었다. 낮에 잠시 하는 알바인데도 가게 일을 내 일처럼 열심히 하는 내게 준 고마운 선물 같다. 그곳에서 힘든 일만 있었던 건 아니다. 내게 날개를 달아주는 희소식이 날아들었다. 「광양 저널」 월간지에서 기자 겸 서울지부 편집본부장 제의가 들어온 것이다. '절호의 기회를 놓칠 수 없지' 시인에 기자, 그것도 서울지부 편집부장이란다. '쨍하고 해 뜰 날 돌아왔단다' 흥에 겨워 저절로 노래가 나왔다. 지금부터 시작이다. 내 인생에 해 뜰 날. 하쿠나마타타.

03

단 한 번뿐인 인생,
뜨겁게 불태워라

'장금순 언니, 교통사고 사망, 급상경 요망'

왜? 도대체 왜? 마른 하늘에 날벼락 내릴 일은 없지 않은가. 친정아버지 회갑 잔치로 어제 광양에서 다 함께 노래 부르고 흥겹게 놀았는데. 전보가 올 아무 이유도 없는 게 맞지. '언니, 교통사고 사망'이라는 글이 좀처럼 믿기지 않았다. 남편의 대위 진급으로 김해 공병학교로 6개월 동안 고등군사반(OAC, Officer's Advanced Course) 교육받으러 갔을 때였다. 중위 때 결혼한 우리는 그곳에도 함께 갔다. 잔치가 끝나고 우리는 김해로 향했다. 아버지 생신은 음력 12월 12일이다. 회갑연이 끝나고 자고 가라는 말을 뒤로 한 채 언니네는 상경했다.

대전을 지날 무렵 고속도로 가드레일을 들이받았단다. 언니네는 운전기사도 있고 식모도 있던 부잣집이었다. 언니는 운전면허증을 갓 딴 초보운전이었다. 미숙한 운전 실력이 사고로 이어졌다. 빙판길에서 브레이크를 밟아 차가 미끄러진 모양이다. 경사길에 친구 두 명도 함께 탔다. 형부와 언니 외에 언니 친구 경희, 화가 언니, 조카 승연이와 용석이 여섯 명이 동석했다. 막내 용석이는 겨우 다섯 살. 어려서 형부가 안고 탔는데 차 유리창을 뚫고 길바닥에 튕겨 나갔다. 다행히 형부는 하나도 안 다쳤다. 막내 용석이가 떨어진 곳은 눈이 푹신하게 쌓여서 얼굴만 몇 바늘 꿰맨 정도였다.

문제는 뒷좌석에 탄 사람들이었다. 여기저기 다쳐 아프다고 아우성치니 구급차에 먼저 태워 병원으로 옮겼다. 더 큰 문제는 언니였다. 아무 말 하지 않던 언니를 맨 마지막에 확인했는데 구급대원은 '언니가 사망했으니 영안실로 옮겨라'라고 말했다. 안전벨트를 맸어야 했는데 당시만 해도 안전벨트 착용에 대한 인식이 부족했다. 생명줄인 안전벨트를 안 맸단다. 언니 나이 40. 새해가 얼마 남지 않았는데 뭐가 급해 그토록 서둘러 갔을까.

후폭풍은 거셌다. 승연이는 허벅지 뼈가 부서져 한 달 동안 사당동 제일정형외과에 입원했다. 언니의 부재 사실을 알릴 수 없어 곁에서 간호했던 나는 승연이를 재워놓고 몰래 울어야만 했다. 조카가 교통사고 순간의 악몽을 잊도록 최선을 다해 간호했다. 당시 나는 큰딸을 임신한 초기였다. 언니가 그토록 바라던 임신을 했건만 언니가 곁에 없어 슬펐다. 어느 정도 안정기에 접어들면 임신 사실을 알리려고 했는데 이렇게 이별할 줄은 꿈에도 몰랐다. 시댁 형님 두 분을 제치고 먼저 결혼해 아기를 일부러 늦게 낳자고 했다. 언니는 그런 나를 보고 영구불임이 될까 봐 걱정을 많이 했다.

"재수를 하든지 언니 의상실 일을 배워 의상실을 물려받든지."

여고를 졸업하고 대학에 가고 싶던 나는 양자택일 기로에 섰다. 재수해 사범대에 가더라도 선생님이 되어 종 땡 치면 들어가고 종 땡 치면 나가는 일보다 훨씬 나을 거라고 다그쳤다. 언니는 7남매 중 맏이였다. 언니 한 명, 오빠 두 명, 나, 남동생 두 명, 여동생 한 명 7남매다. 부모님 대신이니 내게 무척 엄했다. 위에서 누르고 아래에서 치이는 딱 중간인 나는 무한 긍정의 명랑 소녀였다.

남자친구가 사관생도 시절 내게 편지를 보내면 전해주지 않았다. 방법을 찾다가 노량진에서 자취하는 친구 박형례 집으로 편지를 보내왔다. 남자친구를 만나지 말라는 언니의 반대가 심했기 때문이다. 임관하면 군인이 될 텐데 군생활이 얼마나 힘든지 아냐. 이사 자주 다녀야지 아이들 전학도 자주 시켜야지. 이런 이유로 남자친구는 '그놈'이 되어야만 했다. 늦은 귀가도 용납하지 않았다. 오죽하면 떼쓰듯 회유책도 썼다. 언니가 아는 지인 여동생은 동거하다가 임신까지 했는데도 시집가 '잘 살기만 하더라'라면서.

때 묻지 않고 순수했던 시절을 떠올리면 막무가내 첫사랑에 목숨 걸었다고 보는 게 맞다. 서울대 출신으로부터 선이 들어왔는데 한 번 만나보란다. 언니 말이 귀에 들어올 리 없었다. 한여름에 모직 바지를 입고 데이트갔다가 허벅지에 온통 땀띠가 났던 일. 생도 입학식 날부터 임관하는 날까지 하루도 빠짐없이 편지를 써 보낸 일. 그때부터 흑진주 장복순은 19훈육대 동기생들의 팬이 되었다. 힘든 생도 훈련으로 지친 그들에게 피로회복제 역할을 했다고 보면 맞다.

내가 보낸 편지가 도착하면 어느 날부터인지 동기생들이 돌려가며 읽었다는 뒷얘기를 들었다. 글솜씨가 꽤 좋았나 보다. 이렇게 글쟁이가 된 것도 그때 쌓인 자양분 덕분 아닐까. 나와 같은 O형이었는데도 언니는 급한 성격이고 나는 반대로 느긋한 성격이다. 좋은 조건의 선이 들어왔는데도 관심도 없는 내게 "그놈 만날래 안 만날래?" 빗자루 몽둥이를 들고 무작정 다그쳤다. 순진하다 못해 고집불통으로 보인 나는 만나지 않겠다고 말하면 영원히 헤어질까 봐 안 만나겠다는 말을 못 하고 버텼다. 꿀 먹은 벙어리에 꿔다 놓은 보릿자루처럼 꼼짝도 안 하니 성격 급한 언니는 속에서 천불이 났을 것이다. 머리끝까지 화가 난 언니는 급기야 빗자루 몽둥이로 때렸다.

며칠 후 언니가 물었다. "너 바보냐? 화가 나 빗자루를 들면 도망가든지 안 만나겠다고 말하면 되지 왜 바보처럼 매를 맞냐?" 사회 물정도 모르는 순진한 동생이 얼마나 안쓰러웠을까. 그런저런 사건을 거쳐 나는 첫사랑과 기어이 결혼에 골인했다. 언니가 운영하던 '모모 의상실'에서 몇 개월 동안 일했다. 아무래도 그 일이 나와 안 맞는다고 언니가 생각한 것 같다. 곧바로 코오롱에 입사해 언니 집에서 출·퇴근했다.

그러던 어느 날 연탄가스를 마시고 사경을 헤맸다. 오빠 노름빚 때문에 어린 나이에 언니 집 식모로 들어온 성애를 친동생처럼 대했다. 그런 성애와 부엌 옆방에서 잤다. 연탄가스가 새어들었는데 악몽을 꾸는 나를 보았다. 안개가 자욱한 숲길을 걷는 느낌이었고 숨쉬기도 힘들었다. 일어나려는데 힘센 장정이 짓누르는 것 같았다. 천장이 빙글빙글 돌고 토할 듯 거북했다. 일어나려고 애쓸수록 몸은 천근만근 무겁고 말을 듣지 않았다. 그때 성애가 엉금엉금 기어 안방 문을 두 손으로 긁고 쓰러졌다. 아닌 밤중에 홍두깨라고 언니와 형부는 놀랐다. 물김치 국물을 먹이고 근처 성모병원에 입원시켰다. 의식이 거의 없어 커다란 산소통에 들어갔다. 성애는 금방 회복했지만 나는 유리관처럼 생긴 산소통 속에서 한나절을 누워 있었다. 의사 선생님은 마이크를 통해 "이름이 뭐예요?", "몇 살이에요?" 같은 간단한 질문을 해댔다. 소리는 들렸지만 말하려고 해도 입에서 도무지 말이 나오지 않았다.

죽을 고비를 넘기고 살아났다. 고마운 성애가 생명의 은인이다. 언니와 형부는 가슴이 철렁 내려앉았을 것이다. 언니에 대한 기억은 언니가 마흔이던 시절에 머물러 있다. 너무 똑똑해 남녀공학 고등학교 다닐 때 여학생이 네 명이었는데 반장을 했단다. 국회의원으로부터 선이 들어와도 선거에서 떨어지면 그만이라며 반대했던 아버지의 자부심만 보더라도 언니를 얼마나 아꼈는지 짐작할 수 있다.

언니 덕분에 나는 '멋쟁이'라는 별명이 생겼다. 의상실을 했던 언니가 직접 디자인하고 재단해 만들어준 빨간색 코트와 나팔바지 덕분이다. 골덴 상의에는 이름 끝 자 '순'을 영어 'Soon'으로 예쁘게 수놓아 만들어주었다. 세상에 단 하나뿐인 나만의 옷이어서 특별하다. 그때만 해도 친구들은 언니들 옷을 물려받아 입던 가난한 시절이었다. 지금 생각하면 별명 중에 '빨강 공주'가 있었는데 그만큼 빨간색을 좋아한 데는 언니의 영향이 컸다.

언니를 떠나보내고 부모님은 창문에 커튼을 치지 못했다. 자식을 가슴에 묻고 화병이 생겼다. 팔방미인이던 언니는 공부도 1등이었지만 글도 잘 써 「샘터」에 글이 실리기도 했다. 책 출간의 꿈도 있었는데 끝내 이루지 못하고 하늘의 별이 되었다. 타임머신을 타고 그 시절로 돌아갈 수 있다면 언니에게 꼭 해주고 싶은 말이 있다. "언니, 고마웠고 미안해요. 사랑합니다."

사랑받은 사람이 사랑을 줄 줄도 안다. 그렇지 않다면 사랑 연습이 필요하다. 사랑도 받다보면 사랑을 줄 줄 안다. 소중한 사랑을 받았으니 조건 없이 사랑을 내주는 연습을 한다. 내일 일은 아무도 모른다. 삶의 무게를 견디며 기회 있을 때 그 일을 해내야 한다. 단 한 번뿐인 인생을 뜨겁게 불태워야 한다. '사랑'이라는 선물을 주고 떠난 언니를 떠올리며 오늘도 뜨겁게 사랑을 불태운다.

꿈이 있는 심장은 결코 늙지 않는다

숨이 멎어도 심장은 멎지 않는다. 심장은 마음이다. 뇌라는 시스템이 멈추고 숨이라는 연료가 끊겨도 마음은 살아온 기억을 간직한다. 여러분은 어떤 마음을 심장에 담았고 어떤 기억을 심장에 입력했는가.

전북 완주에 사시는 차사순 할머니. '959전 960기 신화'를 쓴 도전기가 한때 방송과 신문에 오르내렸다. 70세에 운전면허증을 딸 때까지 4년 넘는 동안 도전 횟수가 959번이었다. 960번째에 면허를 땄으니 959번 실패한 셈이다. 할머니의 도전기는 『뉴욕타임스』에 '의지의 한국인'으로 소개되었다. 할머니는 직접 운전해 손자들을 데리고 동물원에 가고 싶다는 소박한 꿈이 있었다. 끝까지 포기하지 않고 꿈에 도전한 덕분에 결국 운전면허증을 땄다. 그 결과, 자동차를 선물로 받았고 광고 촬영이라는 대박도 터뜨렸다. 적지 않은 나이의 '도전'은 많은 사람에게 값진 교훈을 남겼다.

사회복지사 실습 때였다. 최진용 어르신은 젊은 시절 일어과 교수였다. 보는 선생님마다 일본어를 배우라고 안달이었다. 각 층을 돌며 어르신들께 안부를 묻는데 2층에 계신 여자 어르신이 나를 보고 '가와이'라며 활짝 웃어주었다. 중환자실에서 유일하게 말하는 분이었다. 중증 치매 어르신들은 대부분 무표정인데 그분은 달랐다. 젊은 시절 고등학교 역사 선생님이라더니 "다르구나!" 생각했다.

치매는 학력, 전직과 전혀 무관하다. 그분이 '가와이'라고 말했을 때 '일어를 하는가 보다'라고 생각했지 뜻까지는 몰랐다. 나중에 알고 보니 '귀엽다', '예쁘다', '사랑스럽다'라는 뜻이었다. 어르신이 하는 말의 뜻을 알아듣고 간단한 대화 정도는 나누면 좋겠다고 생각했다.

그러던 어느 날 프로그램실에서 최진용 어르신을 만났더니 내게도 일어를 배우라고 권하셨다. 아니나 다를까. 일어 배우기에 도전하기로 결심했다. 일어를 배워 일어로 인사하는 어르신에게도 대답해 드리면 좋겠다고 생각했다. 실습이 오후 5시에 끝나니 일주일에 한두 번 배우기로 했다. 교보문고에 가 어르신이 추천한 기초 일본어책을 샀다. 최진용 어르신은 박학다식해 일어를 가르치면서도 정치·경제에 이르기까지 폭넓은 대화를 이어갔다. 처음에는 히라가나와 가타카나를 외우며 써보라고 일러주었다. 우리말과 어순이 같고 한자를 많이 사용해 여고 시절 배운 프랑스어보다 쉬웠다.

일사천리로 문장에 들어갔다. 어르신을 만나고 헤어질 때도 일어로 인사하게 했다. 공부 도중에도 일어로 질문했다. 대답도 당연히 일어로 했다. 대답을 잘하면 아따마(あたま, 머리)가 좋다며 칭찬도 해주었다. 어르신의 가르침으로 일어에 자신감이 생겼다. 2층 여성 어르신께도 일어로 대답할 수 있어 나 자신이 자랑스러웠다. 배움의 길을 열어주어 무척 감사했다.

시댁 식구들과 일본 오키나와 여행을 갔을 때는 은근히 일어로 대화하고 싶었다. 알고 보니 일본인들은 모두 아침, 점심 인사를 하는 게 아니라 '쓰미마셍'이라고 인사했다. 형님 덕분에 우리 집에서는 유리와 내가 함께 했다. 유정이는 일본 여행을 다녀왔고 회사 일정 때문에 못 갔다. 시어머님 형님들 딸과 조카까지 아침저녁으로 온천욕을 즐기며 행복감에 빠졌다. 화투 놀이를 좋아하시는 어머님을 위해 화투를 챙겨 갔다. 타짜는 아니지만 해외 여행까지 가 친선게임을 했다.

'원님 덕분에 나발 분다'더니 형님 덕분에 가족끼리 화목하고 화기애애한 분위기로 돈독해졌다. 둘째 형님이 시어머님을 비롯해 시댁 여자들에게 공짜 여행을 시켜준 덕분이다. 항공권부터 숙식비 일체를 부담했다. 부자라고 다 그렇게 마음먹은 일을 실천하지는 못한다. 마음 따뜻한 형님을 본받아 나도 보답하겠다고 다짐했다.

매일 새벽마다 우리 집 장닭의 고음 기상나팔 소리에 온 동네 사람들이 눈을 뜬다. 신호에 맞추어 모두 아침 준비를 서두른다. '음매 음매' 황소의 쉰 목소리는 마실 나간 누렁이를 찾아 담장 너머 마을에 울려 퍼진다. 우뚝 솟은 굴뚝에서 하얀 연기가 뭉게구름처럼 피어올라 밤새 안녕을 알리는 신호탄이 되었다. 바람에 사각거리는 순우댓잎 소리를 들으며 서로 안부 인사를 나누었다. 어린 시절 고향 밤실마을의 정겨운 풍경이다.

달밤에는 초가지붕 위의 박꽃이 웃는다. 배시시. 당산나무를 지나 아랫마을 덕천을 지나갈 때는 물레방아가 말을 건넨다. 고즈넉한 풍경에 감성이 물든다. 주변 풍경이 아름다우니 책읽기를 좋아한 나는 초등학교 시절부터 책벌레로 도서실에서 살다시피 했다. 어른이 되어서도 책만 읽는다고 꼬마 신랑으로부터 경고를 받았다. 그럴 때마다 다른 집 아줌마들은 책을 안 읽어 야단이라는데 왜 그러냐며 푸념했다.

막내가 광수중학교 3학년일 때 학교에서 독서퀴즈 대회가 열렸다. 학부모 회장을 맡은 나는 학부모들과 독서장려 차원에서 버스 정류장마다 '세상에서 가장 작은 도서관'이라는 이름으로 거치대를 만들고 책을 꽂아두었다. 퇴촌은 면 단위 시골이어서 버스 배차 간격이 길었다. 학생들과 어른들이 버스를 기다리며 책을 읽을 수 있도록 자주 바꿔가며 정리했다.

학교에서도 책읽기를 권장했다. 때마침 독서퀴즈 대회가 열렸으니 뜨거운 열광의 도가니였다. 가을 독서주간에는 학생과 학부모들이 1, 2부로 나누어 행사를 가졌다. 1부에서는 좋아하는 책을 읽게 했고 2부에서는 독서퀴즈 대회가 본격적으로 시작되었다. 학생과 학부모가 2인 1조로 예선전부터 시작했다. 예선전에는 전교생과 참석한 학부모가 함께 했다. 20명가량 남았을 때 팀을 이루어 퀴즈에 임했다. 팀별로 답을 종이에 적는 식이었다. 책에 대한 상식과 반드시 책을 읽어야만 풀 수 있는 문제였다. 내 짝꿍은 3학년 강여울이었다. 공부도 잘하고 책도 많이 읽은 파트너여서 든든했다. 나도 누구 못지않게 다독했기 때문에 은근히 기대되고 자신감도 있었다.

여러 문제 중에 기억에 남는 문제가 몇 개 떠오른다. 『어린 왕자』를 쓴 작가는? 정답 생텍쥐페리. 셰익스피어의 4대 비극은? 『햄릿』, 『오셀로』, 『맥베스』, 『리어왕』. 다산 정약용이 쓴 책이 아닌 것은? 이같이 다양한 문제가 출제되었다.

나와 여울이는 맨 마지막까지 남은 한 팀으로 독서 퀴즈왕에 등극했다. 퀴즈의 달인을 꿈꾼 내게는 색다른 경험이었다. 신문이나 잡지에 크로스 퍼즐 퀴즈가 나오면 몽땅 풀었다. 친구나 지인들은 퀴즈를 풀다가 답이 생각나지 않으면 내게 전화해 묻곤 했다. 흔히 '바보상자'라는 TV 시청은 잘 안 하는데 유일한 예외로 퀴즈 프로그램만 시청한다. 일요일 「장학퀴즈」, 월요일 「우리말 겨루기」, 지금은 종영된 「1:100」은 정말 급한 일이 아니면 꼬박꼬박 다 챙겨보았다. 요즘은 포털 검색만 하면 다 알 수 있지만 당시는 다른 사람들에게 물어보는 게 가장 빨랐다.

그때는 그랬다. 퀴즈 때문에 내가 얻은 별명은 세 개나 된다. '척척박사', '만물 박사', '걸어 다니는 백과사전'이다. 자랑스러운 별명들이다. 막내 휴대폰에는 중학교 때부터 '엄마' 대신 '우리말 달인'으로 저장되어 있다. 바쁘게 살다 보니 우선순위에 밀려 잠시 뒤로 미뤄놓았을 뿐이다.

두근거리는 삶은 나이를 빛낸다. 도전과 꿈이 있는 심장이 절대로 늙지 않는 이유다. 도전하는 심장은 도전할 거리를 절대로 미루지 않는다. 손수 헤쳐가는 동안 여전히 놀거리가 있다는 데 기뻐한다. 나이는 젊은이와 노인으로 단순히 구분할 뿐이다. 두 손에 꿈과 도전할 거리가 있는 사람은 나이와 상관없이 '젊은이'다.

05

미美치면 살고 지치면 죽는다

“모르는 게 너무 많아 배웁니다. 남 주려고 배웁니다.”

“주야장천 뭘 그리 자꾸 죽어라 배웁니까?” 지금은 가슴속 얘기까지 들춰 보여주며 온갖 시시콜콜한 개인사마저 훤히 꿰뚫고 있는 A 기자의 질문이다. 누군들 시간을 쟁여놓고 쓸까마는 하루 24시간 금쪽같이 써가며 그토록 많은 일을 이루어 나가는 것을 보고 ‘나’라는 사람이 신기했나 보다.

멋 부리려는 말이 아니라 실제로 그렇다. 부자의 정의는 개인마다 다르겠지만 ‘부자’ 하면 떠오르는 이미지는 내게 조금 색다르다. 많이 가진 사람을 부자라고 하겠지만 나누어 줄 것이 많은 사람도 부자다. 나는 당연히 부자다. 배운다는 것은 가진다는 말이고 준다는 것은 나눈다는 말이다. 선물을 받으면 기쁘지만 선물을 주면 몇 배 더 기쁘다. “저요, 저요!” 세 살배기 질문하듯 온갖 꿈들이 수시로 나를 곧추세운다. 꿈 하나가 끝나면 다른 꿈이 자꾸 나를 끄집어 올린다. ‘그 꿈은 들어주고 내 꿈은 왜 안 들어줘?’ 앙탈 부리듯 애교 떨 듯 눙치는 ‘꿈’들을 무작정 외면할 수는 없다. 누구는 들어주고 누구는 안 들어주고 꿈들끼리 '싸우도록' 내버려둘 자신이 없다.

"남의 속에 든 공부도 배우는데 뭘 못하겠냐?" 친정엄마는 뭐든지 할 수 있다는 자신감을 심어주었다. 허황된 꿈은 꾸지 않도록 '뱁새가 황새 따라가면 가랑이 찢어진다'라고 일러주었다. 덕분에 하고 싶고 갖고 싶고 이루고 싶은 일의 구체적인 밑그림을 그렸다. 크고 명확한 꿈을 향해 도전할 힘이 길러졌다. 엄마의 현명한 가르침 덕분이다.

'죽는 날까지 하늘을 우러러 한 점 부끄럼이 없기를 잎새에 이는 바람에도 나는 괴로워했다.' 학창 시절 윤동주 시인의 '서시'를 외웠다. 순일한 마음으로 만년필에 잉크를 넣고 으레 '진실'이라는 글자를 먼저 썼던 나다. 순수 그 자체 문학소녀에게 윤동주의 '서시'는 참신하게 다가왔다. 하얀 도화지 위에 무엇을 그릴까? 상상의 나래를 펼칠 때의 느낌은 풋풋함이었다.

김소월 시인의 '초혼'과 '기미 독립선언문'도 외웠다. '오등은 자에 아 조선의 독립국임과 조선인의 자주민임을 선언하노라.' 꽤 긴 문장을 정말 열심히 외웠다. 고등학교 3학년 3월 국어 시간. "외워와라." 국어 선생님의 한마디는 간결했다. '기미 독립선언문'을 외워오라는 숙제를 친구들은 전부 내게 떠넘겼다.

다음 날 국어 시간. "외워볼 사람 손들어." 국어 선생님의 물음에 일제히 나를 가리켰다. "복순이가 외워왔대요." 친구들은 전부 나만 믿고 국어 숙제를 해오지 않았다. 당시는 내가 외우지 않으면 국어 선생님이 실망할 테니 나라도 외워야 한다는 생각뿐이었다. 지금 와 생각하면 그때부터 '시인'을 꿈꾸며 미(美)친 듯 외웠던 것 같다.

여고 시절 문예부에서 글쓰기에 관심이 많은 친구 일곱 명이 뭉쳐 '백옥회'라는 문예지를 만들었다. 윤숙, 재숙, 애란 등은 매월 시를 써 올렸고 반응이 좋자 욕심을 내 연재소설도 써 올렸다. 『젊은 날의 초상』이라는 연재소설의 주인공은 윤수와 정아였다. 청소년기의 고뇌와 사랑, 꿈을 주제로 썼다.

매월 돌아가며 연재소설 한 꼭지씩 써 올렸다. 소설을 본격적으로 공부하지도 않았는데 글을 쓰고 싶은 열정으로 똘똘 뭉친 '백옥회'. 친구들은 시인이나 소설가가 된 듯 진지하게 글을 썼다. 중학교 시절부터 시인이 꿈이어서 '백옥회' 활동은 재미있었다. 교무실 사서님의 도움을 받아 얄팍한 책자를 만들었다. '백옥회' 활동은 어설펐지만 그렇게 미래 시인이 될 '꿈터'가 되어주었다.

'살면서 미쳤다는 말을 들어보지 못했다면 단 한 번도 목숨 걸고 도전한 적이 없는 것이다'라는 볼튼의 말처럼 나 자신을 부지런히 담금질하고 채찍질했다. 흔히 '미치면 살고 지치면 죽는다'라고 말한다. 배움이 있는 곳에 게으름 피우지 않고 무한히 도전하며 지치지 않고 미친 듯 배워 남에게 주련다.

삶의 고개마다 복병이 있었다. 살면서 거센 파도와 풍랑을 만났다. 뜻하지 않게 의지와 무관하게 '이별'도 찾아왔다. 너무나 아팠다. 그럼에도 기쁠 때나 슬플 때나 어떤 상황에서도 좌절하지 않았다. 넘치는 에너지와 끼를 감추지 못하고 미(美)친 듯 행복 바이러스를 전파하며 해맑게 살았다.

"엄마, 시집은 언제 낼 거예요?"

"언젠가는 꼭 낼 거야!"

"언젠가가 언제예요?" 막내 환룡이는 누나들보다 엄마 일에 관심이 많았다. 가끔 생각날 때마다 시집은 언제 낼 건지 묻는 막내에게 '엄마는 한다면 하는 사람이야. 두고 봐'라고 응수했다. 아이 셋을 키우느라 등단했다고 좋아하며 당장 시집을 출간할 엄두를 내지 못했다. 눈 딱 감고 저지르면 못 할 일도 아니지만 엄마 마음은 영 그렇지 않았다.

지금 당장이라도 시집을 내고 싶은 엄마의 마음도 몰라주고 가끔 확인했다. 그러면서 10년도 더 지난 2017년 5월. 권선복 대표의 행복에너지 출판사에서 드디어 시집『그리움 0516』을 출간했다. 세상 모든 것을 가진 것처럼 기뻤다. 시집 출간도 버거웠는데 출판기념회는 감히 엄두도 못 냈다. "첫 시집 출간인데 그냥 넘어가면 안 돼요. 꼭 출판기념회를 여세요." 애타는 내 속도 모르고 만나는 사람마다 격려와 응원을 건넸다.

세상에 태어나 아름다운 한 송이 꽃을 피워 올린 흔적을 소중한 분들과 나누고 싶은 마음이 속불꽃처럼 간절했다. 행복한 철부지 시인의 출판기념회는 늘 마음뿐이었지 할까 말까 망설이고 또 망설였다. 많은 분의 응원 덕분에 결국 할 수 있었다. 속마음을 잘 헤아리는 지인들은 거침없이 30권을 사주었다. 15권, 10권, 5권씩 사주었다. 책도 사주고 금일봉까지 준 분도 있다. 전원교회 여전도회장을 2년째 했던 내게 '물댄동산'처럼 축복의 봇물이 쏟아졌다. 이미란 목사, 장길표 목사, 박요셉 올케, 김상우 장로, 김형묵, 박미순, 임승훈, 송현실 집사. 교회 식구가 총동원되었다. 식혜, 약식, 석박지, 배추김치, 파김치, 발효 된장, 고추장을 협찬받았다. 차와 과일을 준비했다. 굵고 맛있는 멸치를 사 멸치 똥을 빼고 고추장에 찍어 드시게 했다.

콘셉트는 '가난한 시인의 출판기념회'로 잡았다. 다른 출판기념회에서는 볼 수 없는 광경에 오신 분들이 좋아했다. 2017년 5월 27일 양평 할리우드 출판기념회에 권선복 대표가 플래카드와 배너 명함을 선물로 보내주셨다. 사회 박채필 교수, 축사 이보규, 장경표, 일찍 도착해 도와준 김영한 본부장, 홍선표 회장, 대한민국 시 낭송 명인 1호 김순영 교수와 이미란, 색소폰 조경행, 김미화 조교, 사진작가 정면주, 화환 김순복 교수, 서필환 교수, 화분 박종우 사진작가, 유수영 원장, 옥룡 친구들. 유리, 유정, 환룡 덕분에 잊을 수 없는 추억의 한 페이지를 장식했다. 멋진 출판기념회가 되어 진심으로 감사했다. 미(美)친 듯 책을 읽고 미(美)친 듯 글을 썼다. 언어 연금술사가 되고 싶었던 산골 문학소녀의 꿈이 이루어졌다.

지치면 죽는다고 한다. 꿈의 결실은 지치지 않고 미(美)친 듯 노력해 살아온 삶의 산물이었다. 감당하기 벅찰 만큼 그동안 누려왔다. 이제 나누어 돌려줄 때다. 살아온 날들이 살아갈 날들에 거는 약속이다. 많이 가졌으니 부자이고 줄 것이 많은 진정한 부자. 한평생 삶이 내게 기대하는 약속이다.

06

인생은 리허설 없는 생방송이다

꿈은 뜨겁다. 뜨거운 만큼 삶도 뜨겁다. 그토록 뜨겁게 살아낸 인생이어서 소중하다. 소중한 꿈을 이루고 뒤돌아섰을 때 막상 같은 무게의 소중한 '뭔가'를 잃었다면 어디서 누구로부터 보상받을 수 있을까. 어떤 이의 꿈. 내가 헛되이 보낸 오늘은 어제 죽은 이가 그토록 기다리던 내일이다. 소박한 바람이나 간절한 희망을 품고 치열하게 살다가 소망하던 꿈을 이루지 못하고 간 사람도 많다. 아직도 실낱같은 '희망'을 품을 수 있다면 기어이 끝까지 붙잡아야 한다.

퇴촌 관음리에 살 때였다. 옆집 권사님의 소개로 현대 아이너싱홈에 개인 간병인으로 취직했다. 간병 일은 해볼 생각을 안 해봐 처음에는 다른 사람에게 소개하라고 했다. 다른 직장을 구할 때까지만이라도 하는 게 어떻겠냐고 다시 진지하게 권했다. 백합동 2층 정감례 어르신을 보살피는 일이었다. 치매 1급에 시력까지 약해져 앞을 잘 못 본다고 했다. 화나면 고래고래 고함은 다반사고 감정 조절도 결코 쉽지 않았다. 생소했다. 처음 접하는 치매가 낯설었다. 무서웠다.

치매란 무엇인가. 라틴어에서 유래한 말로 '정신이 없어진 것'이라는 뜻이다. 대뇌 신경세포가 손상되어 의지나 기억 등의 지속력이 줄어들어 본질적으로 상실되는 질병으로 주로 노인에게서 나타난다. 같은 층에서 근무하는 선생님의 말씀에 따르면 딸 다섯, 아들 한 명을 낳았단다. 옛날 사람치곤 경제에도 밝아 주식에 투자해 성공했단다. 친정 남동생을 교대에 보내 교사가 되게 했다. 그 시절 주식을 하다니 시대를 앞서간 것이 존경스러웠다.

처음에는 어르신이라고 부르다가 어머니라고 불렀다. 점점 정이 들어 나중에는 엄마라고 불렀다. 출근해 "엄마, 저 왔어요." 하면 "누구야?" 그랬다. "엄마 막내딸인데 저 모르세요?" "아, 그래." 허허 웃으며 손을 잡아주었고 손이 차갑다며 입으로 '호오' 불어주었다. 소리 지를 때의 정반대 행동을 보였다. 앞이 잘 안 보였지만 청력이 발달해 내 목소리는 금방 알아듣고 반겨주었다.

하루에도 몇 번이나 기분이 좋았다가 화를 내는지 도무지 종잡을 수 없었다. 목소리는 얼마나 큰지 장군 목소리 같았다. "모가지 잘라버리겠다", "손모가지 잘라버리겠다" 세상 누가 와 진정시켜도 멈추지 않을 기세로 분노를 폭발시켰다. 처음에는 당황해 어떻게 대처해야 할지 황당하기만 했다. 요령을 터득하고 나서 소리 지르는 엄마에게 다정하게 말한다. "엄마, 모가지 잘라버리면 사람이 죽는데 어떡해요?" 그러면 "아, 그런가?" 곧바로 화가 잦아든다. 이곳에 오기 전 외며느리가 집에서 모시려고 했지만 도저히 감당이 안 되어 기관에 보낸다고 들었다.

딸들의 반대에도 부딪혔다. 가족회의 끝에 집집마다 몇 개월씩 모시기로 했다. 막상 모셔보니 밤중에도 모가지 잘라버리겠다고 고함치지 아무 데나 변을 보고 옷에 실수하지. 가족의 일상이 꼬이고 엉망이 되었단다. 엄마 면회를 자주 오던 따님과 친해져 이런 내막을 전해 들었다. 치매 관련 지식이 없어 처음에는 많이 긴장했다. "왜 저럴까?" 행동마다 이해가 안 되는 부분이 많았다. 도저히 해결책이 없어 광주 비전학원 야간반에 등록했다. '요양보호사' 자격증을 따 제대로 돌봐드리겠다는 마음에서였다. 아무도 내게 자격증을 요구하지 않았지만 그렇게 하고 싶었다.

낮에는 간병 일을 보고 밤에는 학원을 다녔다. 어려운 문제가 나오면 수첩에 옮겨 적어가며 공부했다. '60점만 맞으면 합격인데 왜 그렇게 열심히 공부하냐? 사서 고생한다'라며 2층에서 근무하는 선생님들이 위로해주었다. 나는 뭔가를 시작하면 눈에서 레이저가 뿜어져 나와 반짝인다. 이왕 시작했으니 단 한 문제도 틀리고 싶지 않았다. 그런 노력 덕분에 100점 만점으로 합격했다. 개인 병간호더라도 전문가처럼 일하고 싶었으니까. 합격은 기쁜 일이었다.

하루는 출근해 보니 엄마 얼굴에 근심이 가득했다. "엄마, 무슨 일 있었어요?" "응, 계모임이 있어서 친구들과 막걸리를 마셨는데 남편에게 들킬까 봐 걱정이야." "아, 그러셨어요? 잘하셨는데요, 뭘. 아버지는 약주 드시고 퇴근해 주무세요." 했더니 금방 얼굴에서 근심이 사라졌다. 하얀 거짓말이지만 치매 상황에 맞는 맞춤형 대답을 드렸다.

반대로 '엄마, 이제 큰일났어요. 아버지가 잔뜩 화가 났어요'라고 말했다면 어땠을까. 결과는 뻔하다. 돌아가신 남편이 살아있다고 생각하고 했던 걱정인데 일단 안심시켜 드리는 게 맞다. 주무신다는 말에 평정심을 되찾고 웃었다.

다음 날 보호자인 아들이 들렀다. 아들이 "내가 누구야? 내 이름이 뭐예요?" 물어봐도 모른다는 대답만 했다. 딸 다섯 낳고 귀하게 얻은 아들인데 그런 아들을 몰라보다니 치매는 그런 것이었다. 지우개로 머릿속을 싹 지운 듯 하얗게 바뀐다. 보호자가 돌아가고 "방금 누가 왔다 갔어요?" 물으니 용산구에서 가장 멋진 사람이 다녀갔다고 대답했다. 아들 집이 용산이었다. 아들을 몰라본 게 아니다. 치매로 대답을 못 했을 뿐이다. 얼마나 눈물이 나던지 엄마가 눈치채지 못하게 소리 없이 울었다. 아들도 몰라보고.

"정감례!"
"장감례 아니고요?"
"엄마 이름은 뭐예요?" 물었더니 이름만큼은 또박또박 기억했다. "엄마 이름은 정감례 맞아요. 절대로 이름 까먹으면 안 돼요. 그날 이후 하루에도 몇 번씩 이름을 물어보았다. 엄마와 같은 층에 있는 어르신들을 통해 '리허설 없는 인생'의 소중함을 피부로 느꼈다. 한 어르신은 죽겠다는 소리를 입에 달고 지냈다. 장난기가 발동해 "그럼 오늘 돌아가시면 되겠네요." 했더니 오늘은 아니란다. "어머니, 장난이었어요. 오래오래 사셔야죠." 그렇게 먹통 치매에 걸렸지만 삶에 대한 애착은 본능이기 때문이다.

그 일이 계기가 되어 서울 L호텔 CEO 한 분을 간호하게 되었다. 남동생 소개로 그 분을 만나러 아산병원에 갔다. 일반 간병인이 아니어서 그분의 '마음까지 보살피는 사람'이어야 한다는 조건이 붙었다. 그분의 정신이 맑을 때 면접을 봐 간병인으로 뽑혔다. 하루 일당 50만원이라는 파격적인 조건이었다. 24시간 간병인이 아니었다. 낮에는 간병하고 밤에는 그분의 아내와 퇴근해 근처 호텔이나 모텔에서 잤다. 밤에 잠이라도 편하게 자라는 그분의 배려였다. 밤에는 그분의 형님과 형수가 교대해주었다. 낮에 환자가 대소변을 보면 아내가 뒤처리를 다 했다. 간병인인 내가 해야 하는데도 그렇게 했다.

병명은 패혈증이었다. 체온이 갑자기 39.7°C까지 오르면 비상사태다. 병실로 의사, 간호사가 달려오고 삶과 죽음의 문턱을 넘나든다. 시어머니 수술 두 번에 간병 두 달, 친정아버지 간병 한 달, 조카 간병 한 달 했지만 이번에는 상황이 전혀 달랐다. 맥박이 빨라져 호흡이 가빠지고 눈이 충혈되고 입은 바짝 타들어 갔다. 내 마음도 이렇게 조마조마한데 그분 아내 마음은 어땠을까.

한시도 마음 놓을 수 없었다. 간호사가 수시로 들락날락했지만 잠시도 눈을 뗄 수 없는 상황이었다. 사선을 넘다가 안정을 되찾으면 기도를 부탁했다. 죽음에 대한 공포로 어린 시절 잠시 믿었던 하나님을 찾았다. 잘하는 기도는 아니었지만 그분을 위해 진심을 담아 정성껏 기도드렸다. 조금만 열이 올라도 이마와 겨드랑이에 얼음팩을 해드렸다. 그러다가 상태가 호전되면 이런저런 세상 사는 얘기를 나누었다. 부담스럽지 않은 내용으로 자분자분 나누었다. 젊을 때 고생 고생해 이만큼 사업을 성공궤도에 올려놓았는데 몸이 이 지경이라며 한탄했다.

앞만 보고 달려오느라 건강은 신경 쓸 겨를이 없었단다.

22일 동안 함께 지내면서 그분들 고향은 곡성이라며 광양이 고향인 나를 누님이라고 불렀다. 그분 아내는 나를 언니라고 불렀다. 다행히 몸 상태가 호전되어 퇴원할 무렵 간병 일을 그만두었다. 22일 일하고 1,110만 원을 받았다. 10만 원은 보너스였다. 집에 갈 때 과일이라도 사가라며 챙겨주었다. 괜찮다고 말해도 마음을 써주었다. 생사 갈림길을 함께 겪은 동지처럼 정들었고 그분의 몸 상태가 호전되어 보람을 느꼈다. 두 번의 간병 일로 건강에 대한 관점, 꿈에 대한 관점이 바뀌었다. 건강은 건강할 때 지켜야 한다. 마음속에 꿈을 품었다면 부단히 노력해야 한다.

인생이라는 삶의 무대에는 리허설 없는 생방송만 있다. 내일 일은 아무도 모른다. 지킬 수 있을 때 지켜야 한다. '희망'이 주는 무게, '삶'이 주는 무게를 너끈히 짊어지려면 마음을 다잡고 입술을 앙다물어야 한다. 마음을 다부지게 먹어야 생방송을 성공리에 끝마친다. 우리는 생방송 주인공이니까.

07

시도하지 않으면 실패도 없다

도전은 한계를 경험하는 과정이다. 굳이 내가 아니더라도 도전하는 사람은 많다. '내'가 도전하는 이유는 '나'의 한계를 확인해보고 싶기 때문이다. 어디까지가 한계이고 어디까지 성장할 수 있을까. 나를 제대로 봐야만 진정 나를 키워낼 수 있다. '한계'에 이르렀을 때 반응하는 방식은 두 가지다. 기어이 오르려고 하거나 다른 길을 찾는 것이다. 돌아가려고 하지만 길은 막혔다. 피하려고 하지만 발을 헛디디기 안성맞춤인 크레바스다. 악마의 폭포다. 그렇다면 외길이다. 다부진 마음으로 '올라가야' 한다.

세계적으로 가장 공명이 잘 되는 명품 바이올린을 어디서 만드는지 아는가. 해발 3천m 로키산맥 수목한계선에서 자라는 나무로 만든다. 이곳 나무들은 매서운 칼바람 때문에 곧게 자라지 못한다. 열악한 환경에서 온갖 풍파를 겪어 앉은뱅이 나무로 자라지만 가장 아름다운 소리를 낸다고 한다. 나처럼 힘든 시기를 견뎌낸 사람은 안다. 명품 바이올린을 만드는 나무처럼 더 단단해졌다는 것을. 지난날은 오르막길을 걷느라 숨 가쁘고 버거운 삶이었다면 이제는 가치 있는 길에 방향

키를 붙잡고 정진하며 평평한 길로 전진하면 된다.

하지만 세상일 뜻한 대로, 생각한 대로 되지 않는 법. 살면서 몸 다치면 몸 귀한 것 배우고, 마음 다치면 사람 귀한 것 깨닫고 사는 거겠지. 배움이 책에만 있고 학교에서만 가능한 것일까. 매사 내 마음 같지 않은 세상이라고 느낄 때마다 그래도 함께 배움에 정진했던 선·후배 동료들이 있어 많은 의지가 되었다고 확신한다. 앞으로도 꾸준히 그들과 함께 가치 있는 일을 해나간다면 서로에게 힘이 되리라 굳게 믿는다. 지금까지도 기뻐하고 감동을 주는 마음으로 '마음'이 시키는 대로 했다. 소중한 인연을 평생지기로 여기며 동행할 수 있어 뿌듯했다. 앞으로도 마음이 따뜻한 이들과의 소중한 인연을 변함없이 가꿔 나갈 것이다.

할머니께서 옛날얘기처럼 들려주던 말이 있다. 가마 타고 시집가는 신부에게 "잠시 내려 작두질 배우고 가라." 했단다. 다른 건 다 배웠지만 작두질을 못 배운 신부에게 엉뚱한 배움까지 요구하다니. 그 말을 처음 들었을 때는 어린 마음에 왜 그런 엉뚱한 일을 배우라고 했는지 황당했다. 지금 와 되새겨 보면 뭐든지 배워두면 쓸데가 있다는 깊은 뜻 같다.

해도 해도 끝도 없는 게 공부다. '몸맘 만들기' 대표인 남동생과 고전무용을 전공한 올케에게도 함께 가자고 권했다. 남동생과 함께 가천대 '최고 명강사' 1기 과정에 최종 등록했다. 3월 20일 개강식에 축제 분위기가 나도록 시루떡 한 말을 했다. 1기부터 현재 4기까지 개강식, 수료식에 시루떡 한 말의 전통은 그때부터 비롯되었다. 앞으로도 시루떡 행복 전도사가 되어 행복과 기쁨을 배달할 것이다.

1기 동기 11명은 모두 훌륭한 분들이다. 각자가 지향하는 가치관은 다양하지만 '명강사' 꿈만은 똑같았다. 고영애, 도귀영, 박정인, 이현례, 윤창근, 임기린, 장길표, 장복순, 조성미. 소중한 인연들을 만났다. 성남시 4선 의원 윤창근 의원부터 교장선생님, 교감선생님까지 빛나는 분들이 매진해 강사 기술에 대한 배움의 열정을 불태웠다. 남동생과 함께 퇴촌에서 성남 가천대를 오가며 수업을 들었다. 열심히 공부하며 운전하느라 애써준 남동생이 고맙고 보람찬 과정이었다.

도전은 자신의 한계를 극복하려는 노력이다. 직장을 다니며 일과를 마치고 늦은 저녁까지 꼼짝하지 않고 수업을 듣는 열정은 훗날 눈부신 발전을 약속한다고 믿었다. 열정과 긍정으로 똘똘 뭉친 김순복 교수가 가천대 '최고 명강사' 1기에 초대해 감사하다. 동기들과 더불어 희망찬 미래를 꿈꿀 수 있어 행복했다.

2020년 사랑의 책 나누기 운동본부 '병영 독서 코칭 강사'에 지원해 합격했다. 전년도에 강사 경험이 있던 김순복 교수의 응원이 큰 힘이 되었다. 강원도 인제 군부대에서 1년 동안 독서 코칭 강사로 임명되었다. 가천대 '최고 명강사' 과정 수업 시간에 '이루고 싶은 꿈 Best 3'을 적어본 적이 있다. '이루고 싶은 꿈 Best 3'. 1년차 군 장병 독서 코칭. 2년차 인지도 갑 유튜버. 3년차 「아침마당」 출연이라고 적었다.

그 꿈이 1년 후 현실이 되었다. 코로나 19 때문에 군부대를 방문하지 못해 화상 강의로 대신했다. 책은 역사, 문학, 사회, 과학, 철학,

예술, 자기계발로 짜임새 있게 기획 · 구성되었다.

군 장병 독서 코칭 서적 목록은 다음과 같았다. 문학 1『벌새』, 문학 2『너와 함께라면 인생도 여행이다』, 역사『세계사를 바꾼 13가지 식물』, 사회과학『멀티 팩터』, 철학 · 예술『컬러의 힘』, 자기계발『나의 슬기로운 감정생활』. 군 장병들이 독서 습관을 들이는 데 중점을 두고 코칭했다. 문학에 시집을 포함시켜 문학에 대한 이해와 시를 쓰는 감성, 시를 즐겨 읽는 습관을 강의했다. '인생을 시처럼 살자'라며 열정과 정성을 쏟아부었다. 사회과학의『멀티 팩터』는 사회, 과학, 경제까지 아우르는 내용이어서 군 장병들의 세상 보는 눈과 경제관념에 집중했다.『컬러의 힘』이 세상에 미치는 영향의 예를 들어가며 자세히 강의했다. 현직 의사가 쓴『나의 슬기로운 감정생활』에서는 행복 호르몬인 세로토닌과 건강을 지키는 길을 함께 설명했다. 마지막 강의 시간에는『세계사를 바꾼 13가지 식물』로 정성껏 마무리했다.

세상은 아는 만큼 보인다. '숲 해설사'인 내게도 큰 공부가 되었다. 독서 코칭 강의를 하며 성장해가는 나 자신을 발견했다. 첫 꼭지에 나온 감자는 오늘날 대중화된 먹거리지만 알려지기까지 과정은 험난했다. '악마의 식물'로 모든 사람이 두려워하고 기피했다고 한다. 대중에게 보급하려다가 솔라닌 중독으로 죽을 뻔한 엘리자베스 1세 때문에 감자 보급이 더 늦어지는 등 우여곡절이 많았다. 루이 16세의 왕비 마리 앙투아네트는 감자를 알리기 위해 감자꽃을 모자나 옷에 장식으로 꽂고 다녔다. 미국을 초강대국으로 만들고 세계사를 바꾼 식물도 감자였다. 감자가 들어가는 카레라이스를 최초로 만든 나라는 영국이라고 한다.

새빨간 열매인 토마토는 인류의 음식문화를 바꾸어 놓았다고 설명했다. 무려 200년 동안 유럽인에게 배척당한 불운의 식물이라니 신기했다. 풍요로운 식생활을 구현해주는 '마법의 약'으로 불린 후추의 가치는 당시 금과 맞먹었다. 고추는 맨 처음 아메리카 대륙에서 발견했다. 인간의 뇌에서 엔도르핀 분비를 촉진하는 물질은 고추의 캡사이신이다. 양파는 영어로 어니언(Onion)이다. '진주'라는 뜻의 라틴어 유니오(Unio)에서 유래했다. 튤립이 집 한 채 가격에 거래되었다는 내용은 무척 흥미로웠다.

코로나 19 때문에 대면 강의를 못해 너무 아쉬웠다. 팬데믹이 끝나면 인제 부대를 찾아가 군 장병들을 직접 만나 재능기부할 계획이다. 한국 강사교육진흥원 김순복 원장 사무실에서 화상 강의를 했다. 도움을 주고 함께 해줘 감사했다. 시도하지 않았다면 이런 꿈의 현장에 어떻게 설 수 있었겠는가. 10초 이상 고민하지 말라. 고민한다고 해결되지 않는다. 그럴 시간에 '도전'하는 게 더 빠르다. 도전하다 보면 고민거리끼리 주거니 받거니 풀린다. 고민은 꼬이는 게 아니라 풀어가는 재미다.

도전 속에 도전은 정답까지 지녔다. 한 발짝씩 올라가려는 사람에게 도전은 정답지를 건넨다. 정답지를 받은 사람만 목표 지점에 도착한다. 중간에 샛길로 빠지려고 눈치만 보는 사람에게 도전은 정답지를 전달할 시간을 놓친다. 진정한 '힘'은 '한계선'에서만 찾을 수 있다.

08

괜찮아, 꿈이 있는 한 좌절하지 않아

넘어져도 오뚜기처럼 다시 일어서겠다. 다가올 미래 세계는 아무도 알 수 없다. 그런 미래가 더 행복하고 풍요로운 시간이 되길 소망하며 주어진 하루하루를 알차게 한 걸음씩 성실히 살아갈 뿐이다. 세상살이에 고난과 좌절이 없다면 좋겠지만 그렇지 않으니 '고해'라고 부르겠지. 뭔가를 시작하면 가는 길목마다 '고난'과 '좌절'이라는 녀석이 똬리를 틀고 노려보았다. 소설이라고 할 만큼 내 삶은 롤러코스터와 같았다.

"죽어도 좋을 만큼 힘드니?"

"아니, 아직 참을 만해!"

신은 죽음에 가까운 자를 먼저 알아본다고 했다. 삶의 모퉁이를 돌 때마다 죽어라 짓누르는 삶의 무게는 버겁고 고단했다. 모든 것을 내려놓고 훌쩍 떠나고 싶었지만 물러설 수도 비킬 수도 없었다. 부딪쳐 통과해야만 했다. 그때마다 거칠 것 없는 허공에 외쳤다. 절망과 포기를 떠올리며 한껏 목청을 돋우면 마음속 어디선가 울려오는 소리가 있었다. '죽고 싶다'라는 내 처절한 외침에 '죽어도 좋을 만큼 힘드니?'라는 물음은 도대체 어디서 왔나. 뜬금없이 '좋을 만큼'이라는 말에 나는 뒤통수를 맞은 기분으로 대답했다. "아니, 아직은!"

잘 웃고 후덕하게 생긴 내 외모만 보고 사람들은 "고생 한 번 안 하고 살았겠다." 스스럼없이 말한다. 내 속을 모르고 하는 말이다. 신은 인간이 견딜 만큼의 시련을 준다고 했던가. 그렇다면 적어도 내게는 틀린 말이다. 너무 감당하기 힘들어 다음 날 아침 눈뜨지 않길 여러 번 바랐기 때문이다. 어디엔가 기대지도 못할 처지에도 한 가닥 희망을 붙잡으려고 애썼다. 나를 이 세상에 불러주신 부모님과 내가 초대한 보물 같은 세 아이가 나를 떠받치고 있었다. 넘어져도 다시 벌떡 일어나게 한 원동력이었다. 힘들 때는 으레 부모님을 떠올렸다. '엄마, 아버지라면 이렇게 힘들 때 어떻게 했을까?' 생각하며 스스로 위안 삼았다.

건축기술사 현장 소장으로 근무하던 남편은 작업 도중 저체온증으로 쓰러져 이틀을 버티지 못하고 이승을 떠나 밤하늘의 별이 되었다. 말 그대로 어느 날 갑자기. 저체온증에 걸려도 보통 사람은 별로 위험하지 않다는데 지병인 당뇨가 있던 남편은 그렇게 허망하게 가족 곁을 떠나고 말았다. 졸지에 가장이 된 엄마인 나는 황망한 심정을 추스르지도 못한 채 씩씩한 원더우먼이 되어야 했다.

"엄마, 집에 돈 얼마나 있어요?"
"왜? 또 치킨 먹고 싶어?"
남편이 떠난 지 얼마 안 된 어느 날 난데없이 막내아들이 물었다. 돌도 씹어먹을 고3이었다. 치킨, 피자도 먹고 싶은데 엄마 눈치가 보였나

보다. "엄마 돈 많아. 어서 시켜." 배달온 치킨과 피자를 먹으며 별 뜻 없이 지나가듯 한마디 툭 내뱉었다. "엄마가 퇴촌 시내까지 열 번만 걸어가면 피자 한 판 시켜줄 수 있지." 그 말을 듣자마자 속마음 너른 아들은 피자를 안 먹겠다고 했다.

그 후로 말 한마디라도 가려서 하게 되었다. 발을 동동거리며 아등바등 살았지만 빚만 남긴 채 무심코 떠난 남편 때문에 한동안 넋을 잃고 멍한 상태였다. 버겁기만 한 현실에 아무 대책도 서지 않아 주저앉을 수밖에 없었다. 어디서부터 무엇부터 손대야 할지 막막했다. 그때 손을 내밀어준 분들이 있었다. 그전까지 꿈과 뜻을 나눈 분들이었다.

"함께 공저 쓰기해요."

지극히 단순한 이 한마디에 자석처럼 끌렸다. 뭐라도 해야 하는데 뭘 해야 할지 갈피도 못 잡고 주저앉아 있던 내게 다음 삶을 이어갈 단초를 마련해 주었다. '할 수 있을까?' 두려움보다 '해보고 싶다'라는 설렘이 앞섰다. 뭐라도 해야만 하는 상황에 앞뒤 안 가리고 도전한 것은 대견하고 용감한 선택이었다. 시간이 흐를수록 내 선택이 가상했다는 사실에 뿌듯할 뿐이다. 공저 참여자들은 모두 나름 자기 분야에서 리더로 활동하며 이름을 알렸는데 그런 분들과 평생지기가 되었다. 덕분에 따라온 복된 일이 한두 가지가 아니다.

『말주변이 없어도 대화 잘하는 법』 외에도 여러 베스트셀러를 출간한 김영돈 작가가 글쓰기 세계의 진면목을 알려주고 글쓰기 '작가 도전'에 큰 힘이 되어주었다. 소소한 일상에 감사하며 매 순간 기쁘게 살아가는 나 자신을 새로 발견했다. 빚이 빛이 되었고 미움이 사랑으로 바뀌었고 힘듦이 기회로 탈바꿈했다.

당시 썼던『5년 후 내가 나에게』글대로 살자고 다짐했다. 무작정 따라 하고 흉내내다 보니 실제로 내 모든 꿈이 이루어져 있었다. 글쓰기의 위력을 실감했다. 처음 쓸 때만 해도 무모하고 실없어 보였지만 곧바로 마음을 고쳐먹었다. 버킷리스트에 적어둔 꿈 목록을 바꿀 의향은 애당초 없었다. 이 정도면 얼마든지 해낼 것 같았다. 계획 없이 살았던 젊은 날의 삶을 떨쳐버리고 '내 삶의 진정한 주인으로 살자. 그런 하루하루를 맞으며 계획대로만 살자'라고 다짐했는데 결과는 신비스러울 만큼 놀라웠다. '오랫동안 꿈을 구체적으로 그리는 사람은 그 꿈을 닮아간다'라는 말뜻을 절감했다.

『5년 후 내가 나에게』책쓰기로 작가가 되었다. 덕분에 강연가로 활동하고 봉사활동도 열정적으로 하며 살아가고 있다. 노력한 만큼 성장했고 마음 넉넉한 사람으로 나눌 것이 많은 삶을 살아간다. 누구보다 행복하다. 아이들은 타이른다. "엄마는 맨날 공부만 해요? 이제 여행도 좀 다니고 경치 좋은 찻집에서 힐링도 하고 놀면서 편하게 지내세요." 하지만 그건 아이들 생각이고 나는 공부가 적성에 맞다. 잘나서 하는 게 아니다. 기회의 신이 내게 새로운 기회를 주었고 나는 그 기회를 잡아 계획을 세우고 계획대로 따를 뿐이다. 삶이 버거워 지칠 만도 한데 계속 꿈꾸고 도전을 멈추지 않는 내게 힘내라고 '토닥토닥' 다독이며 격려와 칭찬을 해주고 싶다.

여러 번 위기가 있었지만 위기를 기회 삼아 도전하는 데 힘썼다. 아빠 없는 엄마는 마음대로 울지도 못한다. 엄마가 몰래 눈물 흘리는 것을 눈치채고 “엄마, 울었어요?” 묻는 아들에게 항상 아니라고 대답했다. 나약하지 않은 강한 엄마의 모습을 보여주고 싶어서였다.

사실 울보 대장이다. 홀로 되어 아빠 몫까지 잘해야 한다는 생각이 한시도 떠나지 않았다. 아이들이 각자 제 갈 길 가도록 키우고 싶었다. 고맙게도 아이들은 바람대로 잘 커주었다. 큰딸은 아트 메이크업 ‘유리 브로우’ 원장이 되었고 둘째 딸은 대기업에 다니고 있고 막내는 코오롱 경호원이 되었다. “괜찮아. 이젠 다 괜찮아. 꿈이 있는 한 좌절하지 않아. 절대로.”

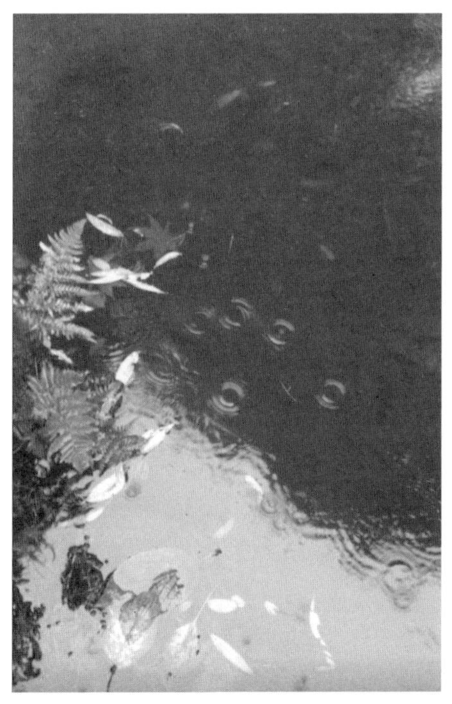

진주가 된 조가비

01

꿈 너머 꿈을 꾸자

이팝나무가 피는 이맘때쯤 광수중학교에서 강의 섭외가 들어왔다. 꽃 모양이 쌀과 비슷해 '쌀나무'라고 했다. 옛날 사람들은 이팝나무 꽃이 피면 모내기 준비를 했단다. 모내기 철을 알려주는 고마운 꽃이다. 사실 '철모르다'의 어원은 한 농부가 철도 모르고 초겨울에 씨를 뿌린 데서 '철도 모르고 씨를 뿌린다'가 철모르는 사람이 되었다. '숲 해설사' 자격증을 딴 이후로 꽃을 보면 이렇게 그냥 지나치지 못한다.

명사의 초대로 이루어진 강의였다. 전 프로야구 선수 양준혁 씨와 목우 정운복 서각 장인을 포함해 일곱 분이 초대되었다. 나는 '시와 꿈 그리고 유머'라는 제목으로 강의했다. 광수중학교는 막내가 다녔고 학부모 회장을 맡았을 때 혁신학교로 지정되어 애정이 남달랐다.

"여러분, 안녕하세요. 만나서 반가워요. 1시간 동안 여러분과 함께 할 흑진주 시인 장복순입니다. '용이 하늘로 올라가요'를 네 글자로 하면 뭘까요? 정답은 '올라가용'입니다. '설ㅁ가ㅁ'에서 ㅁ 안에 들어갈 글자는 무엇일까요? 설사가또? 아닙니다. 설상가상입니다." 질문과 대답

사이에 정답과 넌센스로 좌중의 분위기를 흩트리자 친밀감을 보였다.

"여러분, 꿈이 있는 사람 손들어 보세요." 손든 학생은 겨우 세 명이었다. "공무원이 되고 싶다. 과학자가 되고 싶다. 역사 선생님이 되고 싶다. 손을 들지 않은 사람도 늦지 않았어요. 지금부터 내가 뭘 하면 좋을지 꿈을 하나씩 품고 꿈을 향해 나아갑시다.

버락 오바마 전 미국 대통령은 하버드대 재학 시절 교내 신문반에서 편집을 맡아 부정적인 단어를 긍정적인 단어로 바꾸어 신문에 게재했다고 합니다. 다음은 오바마가 말한 문장입니다. 'You can do it! I can do it! We can do it!' 너도 나도 우리도 할 수 있어요.

가정환경이 똑같이 어려운 상황에서 자란 두 부류가 있었어요. 한 명은 어린 시절부터 서울대를 목표로 꿈꾸었습니다. 다른 부류는 꿈도 없이 친구들과 휩쓸려 소년원을 들락거렸습니다. 오래전부터 서울대를 꿈꾼 사람은 공사장에서 벽돌을 나르는 아르바이트를 해도 좌절하지 않고 기어이 서울대에 입학했습니다. 꿈이 없던 부류는 '막가파'라는 조직폭력배가 되어 세상을 떠들썩하게 만들고 사회에 물의를 일으켰습니다. 목적지가 분명한 사람은 중간에 다른 길로 가지 않습니다. 자신이 무슨 생각을 하고 어떤 행동을 하느냐에 따라 인생의 성패가 결정됩니다. 우스갯소리이지만 진심이 담긴 얘기가 있어요. '내가 몇 시간 잤느냐에 따라 미래의 신붓감 등급이 달라진다.'"

강의 중간에 유익한 역사 팁도 주었다. "콜럼버스가 신대륙을 발견한 해는 1492년입니다. 1492년에서 1(일)은 알파벳 I(아이), 4는 (나),

9는 (구), 2는 (이)로 하면 아나구두가 됩니다. 아나구두(1492년)에서 100년 전은 1392년입니다. 태조 이성계가 조선을 건국한 해입니다. 100년 후인 1592년에는 임진왜란이 일어났어요. 이렇게 기억하면 절대로 안 잊어버립니다." 남학생들의 반응이 좋았다.

'이런 사람이 되고 싶습니다'

늘 사계절 푸르른 상록수처럼
파란 마음으로 살아가는 사람
아침 이슬 머금은 영롱한 풀잎처럼
소박한 들꽃의 미소처럼
마음 밭이 풍요로운 사람
마음속에 보물섬을 품고 사는 꽃보다
향기로운 사람이 되고 싶습니다.

항상 캄캄한 밤하늘에
금강석을 뿌려놓은 별처럼
보석을 달지 않아도 빛나는 사람
고운 달빛 그림자처럼
분홍빛 설렘으로 그리워하며
창공에 빛나는 따사로운 햇살처럼
세상에 빛과 소금이 되고픈
사람 냄새나는 푸근한 사람이 되고 싶습니다.

언제나 바쁘게 돌아가는 세상사에 휩싸이지 않고
물 흐르듯 여유롭게

때로는 황소걸음을 걷는
마음이 넉넉하고 따뜻한 사람
웃는 얼굴 고운 마음씨로
가뭄에도 마르지 않는 옹달샘처럼
나 그대에게 행복의 샘 같은 사람이 되고 싶습니다.

'꿈☆은 이루어진다.' "학생 여러분! 꿈은 반드시 이루어집니다. 오늘부터 꿈을 하나씩 정하고 꼭 실천해 보세요." 내 희망 사항을 적은 졸시를 낭송한 학생에게 근처 떡볶이집 쿠폰을 선물로 주었다. "앞으로 떡볶이가 먹고 싶은 학생은 선생님에게 언제든 콜하세요. 대신 일주일 전에 귀띔해 주세요. 그럼 OK!" 사랑의 멘트를 날리며 유쾌하게 마무리했다.

교장선생님들에게도 강의했다. 담당자가 편하게 웃을 수 있는 강의를 원했다. 강당에 올라 인사를 마치자마자 땀부터 났다. 밝은 조명 탓도 있지만 더위를 많이 타는 체질이어서 난감했다. "우리 가족은 작은 오빠를 비롯해 큰 새언니, 작은 새언니, 막내 여동생이 모두 선생님입니다. 특히 작은 오빠는 교장선생님입니다. 그래서인지 여기에 함께 하신 훌륭한 교장선생님들이 어렵게 느껴지지 않고 가족처럼 느껴집니다. 강의할 때 반응이 가장 미지근한 분들이 운전 기사님과 교장선생님이라는데 오늘은 어떠실지? 많이 호응해주실 거죠? 제가 S라인이 아니어서 몸매는 자신없지만 겉옷 하나만 벗어도 될까요? 얼굴은 오드리 헵번이 될 뻔했어요." 그러자 여기저기서 웃음이 터졌다. "노래 한 곡 부르고 싶은 분?" 손을 들어 대표로 노래를 부르게 했다.

웃음과 노래 인문학으로 풀어가며 강의 속으로 빠져들게 했다. "돈을 잃으면 조금 잃는 것이고 명예를 잃으면 많이 잃는 것이고 건강을 잃으면 모두 잃는 겁니다. 알고 있지만 바쁘게 살다 보면 자칫 놓치게 됩니다. 뭐니 뭐니해도 머니가 좋겠지만 건강이 최고입니다. 건강 박수 다섯 번 시작!" '짝짝~ 짝짝짝.' "한 개 빼고 시작!" '짝~ 짝짝짝.' "팬티가 교복인 학교가 있었습니다. 하루는 망사팬티를 입은 학생이 교문 앞을 당당히 지나가길래 학생주임 선생님이 '학생, 뭐야?'라고 묻자 '저 하복 입었는데요'라고 대답했어요. 활짝 웃으면서 해보세요. '하하하! 어깨 으쓱으쓱! 호호호! 헤헤헤! 히히히! 학교에 행정업무도 많고 까다로운 학부모도 있어 힘드시죠? 스트레스는 날려버리고 행복만 가져가세요." 꿈을 꾸고 바랐던 꿈이 이루어지니 꿈 너머에 '강사'라는 또 다른 꿈이 기다리고 있었다. 마음 따뜻한 강사, 철부지 시인 장복순. "너 기쁘지?"

02

말하는 대로 이루어진다

인디언들이 기우제를 지내면 아무리 심한 가뭄에도 반드시 비가 내린다. 그럴 수밖에 없는 이유가 있다. 비가 내릴 때까지 계속 기우제를 지내기 때문이다. 비가 내릴 거라고 말하는 대로 이루어지는 믿음이다. 말에는 권세가 있다. '말'을 선언하는 순간 '힘'이 생긴다. 힘은 갈수록 다른 힘을 끌어온다. 힘은 '함'을 유도한다. 말을 따라 기운이 가세하고 드높아진 기운은 주위를 메운다. 메움이 정점에 이르면 타파한다. 간절함이 결정타로 터져 오르는 순간을 연출한다.

광수중학교 학부모 회장 때 학생들을 인솔하고 '나눔의집' 봉사활동을 갔다. 그곳은 일제 강점기 일본인들에게 성 노예로 끌려간 어르신들이 계신 곳이다. 도착하자마자 거실에 앉아계신 어르신 중 가장 먼저 반기신 분은 활달한 성격의 강일출 어르신이었다. 학생들과 함께 어르신들이 머무는 방과 복도를 청소했다. 뜰 화단을 정리하고 물도 주었다. 봉사활동을 마친 학생들의 손을 꼬옥 잡아주고 머리를 가리키며 전쟁통에 총상을 입었다고 말씀하셨다.

학생들과 함께 노래를 부르며 흥에 겨워 춤도 추셨다. 박옥선 어르신은 치매로 일상생활에서 깜빡깜빡하시는데 노래 가사는 잊지 않고 잘 부르셨다. 밀양아리랑을 구성지게 잘 부르신 기억이 또렷하다. '나눔의집'에도 천사가 계신다. 원종선 간호팀장이다. 정지리 가새골에 '나눔의집'이 둥지를 틀 때 함께 한 초창기 멤버로 어르신 한 분 한 분을 눈동자처럼 보살핀다. 꽃다운 나이에 일본인들에게 젊음을 유린당한 어르신들이어서 손을 잡고 마사지해 드리는 정도로도 안심한다. 짧지만 그런 모습을 가까이서 지켜보았다. 봉사활동을 하며 어르신들과 가진 첫 만남 인연이었다.

그분들의 사연을 듣고 자꾸 마음이 쓰였다. 이유는 모른다. 그냥 마음이 쓰였다. 함께 지내고 싶어졌다. 우선 원종선 간호팀장에게 전화를 드려 어르신들과 어떻게 함께 지낼 수 있을지 물어보니 봉사활동이나 사회복지사 활동을 하면 된단다. 봉사활동은 시간이 정해져 있어 24시간을 함께 하려면 요양보호사를 해야 한다는 설명이었다. 사회복지사도 낮에는 근무하고 오후 6시에 퇴근한다. 사회복지사와 요양보호사 자격증 둘 다 가진 나는 요양보호사가 되기로 결심했다. 자리가 나면 불러달라고 담당자에게 부탁했다.

3개월 후 연락이 와 어르신들과 동고동락하게 되었다. 목욕은 일주일에 한 번씩 봉사자들이 주로 시켜주었다. 땀을 많이 흘리거나 예외 경우가 생기면 목욕시켜드렸다. 젊은 시절 고생한 그분들을 정성껏 씻겨드리면서 진정으로 미안하고 고마운 마음을 건넸다. "우야노! 이렇게 호사를 누리다니." "걱정마세요. 저희가 효도하는 거니까 마음 편하게 건강하게 오래오래 사세요."

해맑게 웃으시는 모습이 소녀 같았다. 꽃다운 나이에 피어보지도 못하고 강제로 끌려가 성 노예생활을 강요받다니. 세월이 지났다지만 온몸에 박힌 상처를 어떻게 지울까. 각인된 기억은 무슨 수로 떼어낼까. 한 여자로서 한 인간으로서 겪은 세월. 원치 않는 것을 강요받을 때 '선택'은 결코 주어지지 않는다.

젊은 시절 책읽기를 좋아했다는 이옥선 어르신은 말씀이 없고 조용하셨다. 꺼내기 힘든 부분이어서 조심스럽게 물어보면 "한 맺힌 그 일들을 어찌 말로 다 할까?" 한숨부터 푹 쉬고 윗옷을 올려 배 흉터를 보여주었다. 성 노예 시절 잠자리를 거부하고 군인들의 말을 안 들어 칼에 찔린 흉터라고 하셨다.

이용수 어르신은 가끔 들러 열흘씩 머물고 가셨다. 패션 감각이 남다른 멋쟁이로 결혼도 안 하셨단다. 암울한 시절 아물지 않는 상처로 밤마다 혼자 못 주무셨단다. 빼앗긴 조국에 닥친 수난을 그분들은 고스란히 몸으로 겪으셨다. 피맺힌 절규를 영화 「귀향」, 「아이 캔 스피크」로 만들었다.

5개월 동안 함께 했던 어르신들. 지금은 찾아뵙고 싶어도 코로나 때문에 못 뵌다. 이제 이옥선, 보은, 박옥선, 강일출 어르신 네 분만 계신다. 오래오래 건강하게 사시길 기원한다.

밥 두 그릇을 똑같은 환경에 두고 한쪽 밥에는 "사랑해." 칭찬과 긍정의 말을 해주고 다른 쪽 밥에는 저주하는 부정적인 말을 한 결과, 확연한 차이를 보였다. 긍정적인 말을 들은 밥은 깨끗한 반면, 부정적인 말을 들은 밥에서는 역겨운 냄새가 나고 모양도 심하게 변했다. 밥도 이러니 더더욱 사람에게는 '칭찬'하는 말을 자주 써야 한다.

5월 8일 퇴촌 아이너싱홈 요양원에서 어버이날 효도 행사를 열었다. 행사장인 아이너싱홈 뜰에 보호자들도 많이 왔다. 잔치 분위기였다. 인근 '미소 어린이집' 원생들과 지도교사가 흥겨운 노래에 맞추어 신나는 율동을 선보였다. 앞줄에 선 우량아 남자 원생의 쫄쫄이바지가 흘러내려 배꼽이 보이자 모두 배꼽이 빠지게 웃었다. 봉사자가 부채춤을 추었다. 국악을 부르는 봉사자도 함께 했다. 윤선로 사물놀이 단장과 단원들이 장구와 꽹과리를 치며 춤사위에 맞추어 노래 부르자 덩달아 어르신들도 흥에 겨워 덩실덩실 어깨춤을 추었다.

그다음 순서는 우리 팀의 '각설이' 공연이었다. 공연자는 김미자, 김순남, 라미자, 이영숙, 장복순이었다. 김미자 선생은 엿판을 둘러멨고 김순남 선생은 한쪽 알이 빠진 선글라스를 썼고 라미자 선생은 색동저고리에 한복 치마를 허리끈으로 묶은 차림이었고 이영숙 팀장은 허리춤에 막걸리병을 주렁주렁 매달았다. 나는 찌그러진 깡통에 숟가락을 들고 연신 깡통을 두드리며 등장했다. "얼씨구 씨구 들어간다. 절씨구 씨구 들어간다. 작년에 왔던 각설이가 죽지도 않고 또 왔네." 남루한 거지 차림에 익살스럽고 우스꽝스러운 분장. 공연이 시작되기도 전에 여기저기서 '팡팡' 웃음보가 터졌다. '각설이 타령'을 구성지게 불렀다. '아빠의 청춘', '선창'을 부르며 춤추고 무대를 오르내리며 어르신들과 호흡을 맞추었다.

공연 중간 나는 무대 아래로 내려가 깡통을 두드리며 돈을 받았다. '각설이 타령'의 꽃인 깡통 안에 돈을 모았다. 원장님을 필두로 쌈짓돈이 나오기 시작했다. 어르신들과 보호자들 자리로 가 노래 부르며 깡통을 두드리면 도깨비방망이처럼 돈이 깡통을 채워갔다. 어눌한 말투의 어르신도 딸에게 손짓 눈짓을 보냈다. 깡통을 가리키며 어서 돈을 넣으라는 몸짓이었다. 돈이 쌓여가면서 앙코르 요청으로 트로트 '내 나이가 어때서'로 마무리했다.

오늘 주인공은 어르신들이다. 우리 팀이 무대에서 내려오자 어르신들 표정에 아쉬움이 역력했다. 연신 흐르는 땀으로 목욕했지만 유명 연예인에 버금가는 인기였다. 담장에 핀 5월 덩굴장미도 활짝 웃어 주었다. 환호와 박수갈채가 터져 나오자 '각설이 타령 봉사활동을 잘했구나' 속으로 뿌듯했다. 효도 잔치가 끝난 후 모금한 돈으로 피자와 치킨을 사 전 층에 돌렸다. 어르신들과 선생님들이 뒤풀이를 잘한 셈이다.

아프리카에는 여러 명이 두 팔을 벌려도 안을 수 없을 만큼 커다란 아름드리 나무를 쓰러뜨리는 방법이 있다고 한다. 한 달 전부터 매일 나무를 바라보며 마을사람들이 저주를 퍼부으면 한 달 후쯤 나무가 반드시 쓰러진다고 한다. 말에 다친 상처가 더 아프다는 뜻이리라.

사람의 혀끝은 검이다. 검에는 살인검과 활인검이 있다. 이왕이면 '활인'이어야겠지. 사람을 살리는 긍정적인 언어인 예쁜 말을 쓰자. 칭찬은 고래도 춤추게 한다니 좋은 말, 예쁜 말, 고운 말을 듣고 자란 동·식물은 훨씬 밝게 성장한다. 세상일은 말한 대로 이루어진다. 말의 기적은 말하는 사람의 생각의 집합이다. 사뿐한 생각은 사뿐한 결과로 이어지고 멋진 생각은 멋진 결과로 나타난다. 좋은 인풋이 좋은 아웃풋으로 이어져야 진리 아닌가. 이제 말한 대로 이루어지는 것이 진리다.

03

누군가의 전설이 되자

'삶'은 '일'이다. 사는 내내 우리는 온갖 일을 만난다. 일 없는 삶도 불가능하지만 일이 없다면 삶도 아니다. 일을 대하는 두 가지 삶이 있다. 시키면 마지못해 일하는 사람과 시키지 않아도 일을 스스로 찾아 하는 사람. 일이 나를 찾게 하느냐, 내가 일을 찾느냐. 일을 찾아 하는 사람을 '전설'이라고 부르겠다. 일을 찾아 하지 않으면 일이 나를 찾아다니기 때문이다. 자발적인 일 처리에는 '해소'라는 기쁨이 오지만 수동적인 일 처리에는 '억제'라는 불만이 따라온다. 일에 다가가느냐, 일이 찾아오느냐. '전설'로 불리는 사람들은 모두 일을 사랑하고 일을 찾아가 즐겁게 했다. 손에 닿을 수 없는 머나먼 거리에 전설은 절대로 머물지 않는다. 자신을 사랑하는 만큼 일을 사랑했고 일을 찾는 만큼 인생을 누렸다.

새벽에는 어김없이 '뚝딱뚝딱' 못 박는 망치 소리가 온 집안에 울렸다. 아버지는 낮에는 농사일하느라 바빴지만 저녁에는 새끼줄을 꼬고 새벽에는 상자를 만들었다. 아직 단잠에 빠진 7남매는 어렴풋 망치 소리를 들으며 잘도 잤다. 일반 벼농사, 보리농사만으로는 7남매 공부시킬 수 없어 아버지는 원예 농사를 지으셨다. 늦가을에 비닐하우스를 준비해 겨울부터는 오이, 호박, 토마토 모종을 심었다. 농작물이 자라면 미리 만들어둔 나무상자에 넣어 서울 도매시장으로 부쳤다. 쭉쭉 곧은 오이와 호박을 상자에 담아 보냈다. 상자 만드는 기술이 우리 남매에게 없어 상자 만들기는 오직 아버지 몫이었다.

학교 수업이 끝나면 숙제해놓고 곧장 논으로 달려가 부모님을 도와드렸다. 막내 미화는 온종일 엄마 곁에서 놀았다. 비닐하우스에 서린 수증기에 숫자 1, 2, 3, 4와 ㄱ, ㄴ, ㄷ 한글 기초를 쓰며 놀았다. 요즘이라면 유치원에 다녔겠지만 당시 옥룡면에는 유치원이 없어 막내는 엄마, 아버지가 일하시는 비닐하우스에서 놀았다. 모양이 조금이라도 구부러져 상품 가치가 떨어지는 오이, 호박은 이웃과 나누어 먹었고 엄마는 그 나머지를 광양 장날 가져가 팔았다. 빈손으로 걸어도 힘든 15리 길을 무거운 짐을 머리에 이고 걸어갔다. 먼 길 마다하지 않고 장 구경하러 졸래졸래 엄마를 따라나섰다. 우시장 옆에 싸전이 있었고 바로 옆 난전에 가져간 물건을 펼쳤다.

한참 물건을 팔고 거의 다 팔았을 때 엄마는 갈치를 사오겠다며 잠시 자리를 비웠다. 놀러 왔지만 무작정 넋 놓고 놀 수만은 없지 않은가. 행인들에게 목청 높여 호객했다. "오이 사세요. 호박 사세요." 일곱 살 꼬맹이가 물건을 파니 애틋했던 모양이다. 나이 지긋한 아주머니가 몽땅 얼마냐며 흥정을 붙였다. 엄마가 파는 모습을 옆에서 봐둬 가격을 대답하니 떨이를 해주었다.

갈치를 사온 엄마는 눈이 휘둥그레졌다. 여기 있던 물건 다 어디 갔냐고 묻자 어깨를 으쓱하며 받은 돈을 자랑스럽게 쑥 내밀었다. 엄마는 나를 대견한 눈길로 바라보며 "뭐 먹고 싶냐?" 물었다. "붕어빵." 엄마 말이 떨어지자마자 대답하자 곧바로 300원을 내주었다. 어린 내게 300원은 큰돈이었다. 붕어빵 사고 남은 돈으로 '쫀드기'까지 사먹었다. 친구이면서 아재인 영흠을 때마침 만나 나누어 먹었다. 엄마에게도 붕어빵을 드리고 쫀드기 먹는 '맛'에 엄마의 사랑을 느꼈다. 엄마 따라 장에 오길 참 잘했다.

13살 때 아버지를 여의고 이듬해 눈에 축구공을 맞아 시력을 잃은 고 강영우 박사. 어머니와 누나마저 잃고 불우한 청소년기를 보냈지만 좌절하지 않고 연세대를 졸업했다. 거기서 멈추지 않고 미국 피츠버그대에서 3년 8개월 만에 교육학 박사학위를 취득했다. 대한민국 최초로 시각장애인 박사가 되었고 한국계 최초로 미국 차관보까지 지냈다.

그의 저서에 이런 내용이 나온다. "맹인학교를 졸업하면 보통 안마사나 점쟁이가 된다. 1급 전문가라는 큰 꿈을 품어 하나님의 영광을 드러내고 눈뜬 사람을 섬기고 봉사하는 현실로 만들겠다고 다짐했다." 그리고 꿈은 이루어졌다. 그는 낙심하지 않고 장애물을 뛰어넘어 누군가에게 전설이 되었다.

요즘은 지하철 안에서 물건을 못 팔지만 몇 년 전만 해도 온갖 물건을 팔았다. 종로에 볼일을 보고 돌아오는 길에 지하철을 탔다. 내가 탄 칸에서 한 아저씨가 '투투 치약'을 팔았다. 투투나무 잎사귀에서 추출한 성분으로 아프리카 원주민이 만든 치약인데 치아미백에 탁월한

효과가 있다고 선전했다. 설명은 제법 잘하는데 막상 판매로 연결하지 못하고 머뭇거렸다.

보다 못한 내가 끼어들었다. 나는 바람잡이도 아니고 그와 아는 사이도 아니었다. 써보니 치아미백 효과가 탁월해 자신 있게 권했을 뿐이다. 아저씨가 능수능란하게 장사를 잘했다면 그냥 넘어갔을 것이다. 누구에게나 초보 시절은 있다. 지하철 승객들 앞에 서서 나도 얼마 전 투투 치약을 사 써보니 치아가 하얘졌다며 활짝 웃어 보였다. "한 개 사면 3천 원, 두 개 사면 5천 원."

조금 전까지 소 닭 보듯 멀뚱멀뚱하던 승객들이 들썩였다. 두 개만 사는 사람에게는 두 개 더 사 지인에게 선물해주면 좋다고 부추겼다. 느닷없이 여기저기서 서로 사겠다고 아우성이었다. 덕분에 내가 탄 칸의 승객 대부분이 샀다. 투투 치약을 파는 상인처럼 열심히 팔았다. 아저씨는 감사의 표시로 투투 치약 서너 개를 건넸다. 나는 "아니에요! 대가를 바라고 도와드린 게 아니에요." 극구 손사래쳤다. 막무가내로 감사의 마음을 전하고 고맙다는 인사를 건네고 떠났다.

나는 나다. 아무리 큰 업적을 이룬 전설적인 인물이라도 그렇다. 남들과 비교하면 당연히 부족하고 열등감이 생기기 마련이다. 심지어 의사조차 상대적 빈곤으로 극단적인 선택을 했다고 매스컴에서 난리였다. 나를 인정하고 축복하자. 나는 볼수록 매력 있는 '볼매'다.

전설적인 축구 스타 마라도나는 주변에서 자신을 펠레와 너무 심하게 비교하자 이렇게 말했다. "펠레는 펠레고 나는 나다." 인생에 정답은 없다. 나는 행복을 추구하는 삶에서 이것만은 확신한다. 이래서 안 되고 저래서 안 된다면 핑계일 뿐이다. 나는 무슨 일을 하든 중도에 포기하지 않고 어떻게든 끝까지 한다. 선천적으로 목표지향적 DNA를 타고났나 보다. 절대적 긍정은 어떤 상황이라도 내게 다 좋은 상황으로 받아들인다.

여호수아와 갈렙 외에 정탐꾼 12명이 가나안 정탐을 마치고 돌아와 보고했다. "여호수아 갈렙 이외에 다른 사람들은 너무 강하고 무서워 도저히 이길 수 없다." 반면, 똑같은 상황을 보고 돌아온 여호수아는 '그들은 우리의 밥이다. 두려워 말라'라고 했다.

'바람이 언제나 당신의 등 뒤에서 불기를. 햇살이 언제나 당신의 얼굴을 따뜻이 비추기를' 켈트족의 기도문을 마음속으로 되뇌인다. 나는 '빨강'의 정열에 남다른 감성이 있었다. 언제 어디에 있든 최선을 다하라. 'Do your best.'

프레임 법칙. 똑같은 상황이라도 어떤 틀로 상황을 해석하느냐에 따라 사람들의 행동이 달라진다는 법칙이다. 나는 내게 긍정적인 마인드로 프레임을 건다. 긍정적인 프레임을 걸면 내 시계에서 불가능은 사라진다. 매일 시 한 편 쓰기를 목표로 실천 중이다. 하루 15분의 노력으로는 아무 변화도 없다고 생각할 수 있지만 시간이 지나고 나서야 놀란다. 포기하지 않고 매일 반복해 루틴으로 만들면 어느 날부터 실력이 쌓이고 몇 년 후 빛나는 결과를 얻는다. 노력하지 않으면 재능도 빛을 잃는다.

04

나만의 콘텐츠를 갖자

콘텐츠는 문화적 소재가 구체적으로 가공되어 매체에 체화한 무형의 결과물이다. 문화적 소재란 우리 일상에 존재하는 모든 것을 의미한다. 구체적 가공은 기획자의 '창의력'과 '상상력'을 통해 제시되는 일련의 스토리텔링 방법을 뜻한다. 가공은 매체를 염두에 두어야 한다. 매체는 콘텐츠를 담아내는 방식이자 통로라는 점에서 콘텐츠는 매체에 체화할 때 '경험'할 수 있다.

문화 상품과 달리 출판, 만화, 영화, 방송 콘텐츠, 광고, 애니메이션, 음악 콘텐츠, 게임, 웹 콘텐츠, 애플리케이션, e러닝 콘텐츠, 캐릭터, 공연, 전시 및 박물관, 테마파크, 축제, 이벤트, 투어리즘이 콘텐츠 범주에 속한다고 할 수 있다. 내가 잘할 수 있는 일을 하고 지금 내가 하는 일 중 '좋아하는' 일과 연관된 일이 콘텐츠다.

여명이 밝아올 때 산에 오르던 시간이 있었다. 하산 지점인 관산 잣나무 숲 근처는 내 '놀이터'가 되었다. 함께 산에 오르던 권사님이 먼저 내려가면 나 혼자만의 시간에 빠졌다. 고요함 속에서 자유롭게 이슬 사진을 찍었다. 온몸의 감각을 시각에 의지해 이슬을 먼저 탐색한다. 이슬은 공평하게 숲에도 농작물에도 내린다. 그중 밤새 풀잎에 내려앉은 이슬이 으뜸이다. 콘크리트 바닥이 아닌 흙을 밟으며 풀잎에 맺힌 영롱한 이슬을 찍노라면 사진이 시가 되는 '순간'이 온다. 이슬은 발걸음을 붙잡는 강력한 매력이 있어 호기심 천국으로 이끈다. 찰나에 빛나는 이슬방울은 떠나기 전 자신의 모습을 가장 아름다운 빛깔로 빛낸다. 방울방울 맺힌 영롱한 이슬방울 안을 자세히 들여다보면 햇살이 가득 담겨 있다. 초록별 우주가 담겨 있다.

부모님은 농부셨다. 아무리 지독한 가뭄이 와도 밤새 이슬이 내리기에 농작물이 타들어 가지 않고 살 수 있다고 말씀하셨다. 진달래는 참꽃이라고 불렀고 철쭉은 개꽃이라고 불렀다. 먹을 음식이 귀하던 시절 진달래꽃은 먹을 수 있는 꽃이어서 참꽃이었다. 진달래꽃이 지면 철쭉꽃이 핀다. 수수한 진달래꽃보다 철쭉꽃은 화려하지만 먹을 수가 없으니 개꽃이었다.

내 고향 전라남도 광양 옥룡에서는 진달래 나무를 '깨꽃장다리'라고 불렀다. 깨꽃장다리에 물이 올라 피어나는 진달래꽃은 어린 시절 우리의 훌륭한 간식이 되어주었다. "농사꾼에게는 이슬도 감사하다." 아침나절 일하러 밭에 가는 엄마를 따라갔다가 밭 가까운 산에 핀 참꽃을 따 먹곤 했다. 이슬이 깨지 않아 촉촉한 꽃잎은 달콤한 과자보다 맛있었다. 부모님이 주신 교훈을 이제야 조금 알 것 같다.

과거 교육은 대부분 주입식 교육이었다. 많은 사람이 의외로 자신만의 콘텐츠를 찾기 어렵다고 말한다. 주입식 교육을 받고 자란 세대는 아무래도 나만의 콘텐츠를 찾는 것을 더 어려워하는 경향이 있다. 자신을 믿으면 모든 일에 자신감이 생긴다. 자신이 잘하는 일을 정해 콘텐츠로 만들어보자.

지식의 홍수 시대인 지금 오히려 접근하기 쉽다. 인스타그램, 블로그, 페이스북, 카카오스토리, 유튜브에 자신의 일상을 업로드해 많은 사람의 공감을 얻는다. 옷을 잘 입는 사람은 패션 정보를 공유하면 된다. 여행 마니아는 여행 정보를 콘텐츠로 정하면 된다. 이 외에도 다이어트, 꽃꽂이, 악기 연주 등 콘텐츠는 무궁무진하다. 내 콘텐츠는 글쓰기와 사진 촬영이다. 인스타그램, 각종 SNS에 부지런히 공유하고 있다.

오늘 하루는 주어진(present) 것이 아닌 선물(present)이다. 이왕이면 긍정의 선물로 하루를 열자. 한 획의 기적이 있다. '마음 심(心)' 자에 신념의 막대를 꽂으면 '반드시 필(必)' 자가 된다. '불가능하다'라는 뜻의 Impossible에 점만 하나 찍으면 'I'm possible'이 된다. 부정에 긍정의 점을 찍었더니 불가능한 일도 가능해졌다. 글자 '빚'에 점만 하나 찍으면 '빛'이 된다. 'Dream is nowhere(꿈은 아무 데도 없다).'라는 문장은 한 군데만 띄어쓰기하면 'Dream is now here(꿈은 바로 여기에 있다).'로 바뀐다. 부정에 긍정의 점을 찍으면 절망이 희망으로 변하는 마법과 같은 일이 일어난다.

부정을 긍정으로 뒤집어 희망의 메시지를 전하자. 'NO'를 뒤집으면 'ON'이 되고 '자살'을 뒤집으면 '살자'가 된다. 'DOG'를 뒤집으면 'GOD'가 되고 '내 힘들다'를 뒤집으면 '다들 힘내'가 된다. 절망을 희망으로 바꾸면 인생이 바뀐다. 좋은 단어는 더 좋게. '생일'을 뒤집으면 '일생'이 되고 '인연'이 닿으면 '연인'이 된다.

글쓰기의 묘미는 바로 여기에 있다. 버스를 타고 가다가 재미난 지명을 보면 나도 모르게 뒤집어 보는 습관이 있다. 번천삼거리를 지나면 '솔치마을'이 나오는데 뒤집으면 '치솔 마을'이 된다. '솔치'일 때는 왠지 솔바람 소리가 나고 날다람쥐가 뛰어노는 숲이 떠올라 입가에 미소가 깃들어 광대가 승천한다.

내 유년 시절에는 '서리'를 공공연히 눈감아주었다. 사전적 의미의 '서리'는 '떼지어 남의 과일, 곡식, 가축 따위를 훔쳐 먹는 장난'이다. 남이 애써 키운 참외, 수박, 포도, 사과 등의 농작물을 주인 몰래 훔쳐 먹는 행위는 사실 옳지 않다.

감 익는 내 고향마을로 과거로 시간 여행을 떠나볼까. 감이 익어갈 무렵 우리 집에도 어김없이 서리꾼들이 왔다. 뒤란에 심은 감나무 감을 서리하러 온 사람은 동네 친구들이었다. 때마침 측간에 다녀오던 아버지와 맞닥뜨렸다. 다급한 나머지 한 친구가 후다닥 감나무에서 뛰어내렸다. 나머지 친구들도 놀란 토끼처럼 도망갈 기회를 엿보는데 아버지는 "다칠라! 괜찮냐? 필요한 만큼 따가라." 말씀하셨단다. 한참 시간이 지나 친구들 모임에서 나온 서리 이야기에서 들었다. 법 없이도 산다는 인자하신 친정아버지 품이 그리워졌다. 아버지를 생각하며 감나무 시를 적어본다.

봄 햇살에 연둣빛 새싹 틔워
소쩍새 노랫소리 들으며
별을 닮은 감꽃을 피우는 봄
모진 비바람과 태풍을 품고도
휜 잔가지 꺾일세라
튼실한 열매를 지켜내며
무더위 등쌀도 이겨내는 여름
가을 햇살과 달빛에 물들어
고운 이파리 단풍 들고
아름다운 열매 영그는 가을
무성했던 잎새 떨어내고
남은 까치밥 지켜내는 감나무는
허기진 겨울새들의 배를 채워주고
다시금 새봄을 기다리겠지.

졸시, 「감나무의 사계」

고향 마을에는 집집마다 감나무가 두세 그루는 있었다. 모기가 극성인 여름밤 모깃불을 피워놓고 감나무 아래 와상에서 잠을 청했다. 하늘에는 은하수별 무리가 춤추고 반딧불이는 허공을 비행하며 꽁지에 빛을 내고 화답했다. 바람이라도 불라치면 감잎 노래는 자장가가 되어주었다. 선풍기도 없던 시절 산골 마을의 밤은 그야말로 달콤한 쉼표였다. 『오세암』, 『물에서 나온 새』처럼 주옥같은 동화와 시를 썼던 정채봉 오빠도 생전에 만났을 때 정겨운 고향 이야기를 자주 꺼냈다. 내 콘텐츠가 되어준 글쓰기의 원동력은 바로 '고향'이다.

05

시니어 미인대회 우승, 2관왕이 되다

두려움은 실체가 없다. 두려움은 허상이다. 도전에 주눅 들지 않고 도전을 기꺼이 받아들이는 이유다. 순간적으로 움찔할 수 있지만 두 눈 부릅뜨고 맞짱 뜰 기세로 째려보면 두려움은 용기로 바뀐다는 것을 안다. 배짱은 타고나는 게 아니라 길러진다는 것을 터득했다.

성공사관학교 '성사 데이'에서 이순종, 최경수 마술사 부부를 처음 만났다. 붙임성 좋은 넉살에 초면에도 어색하지 않았다. 반갑게 인사 나누었다. 그분도 언니처럼 살갑게 대해주었다. 처음 만났는데도 금방 친해졌고 옆자리에 앉아 명함을 주고받았다. 군산대 평생교육원 과정 마술 지도교수라고 했다. 어떻게 평생교육원 교수가 될 수 있는지 물어보고 거기서 미인대회 '미즈 실버 코리아'에 도전한 경험담을 들었다. 당당히 인기상을 탔다며 자랑했다. 휴대폰에 저장된 미인대회 출전 사진을 보여주었다. 그런 대회가 있냐며 호기심에 궁금증이 증폭되었다. '이런 대회도 있구나!' 그 나이에 인기상을 탄 사진은 꽤 인상적이었다. 60세가 넘었는데도 계속 도전하는 모습을 닮고 싶었다. 마음속으로 다짐했다. '언젠가는 가슴 뛰는 일에 반드시 도전하리라.'

훌쩍 1년이 지나 이순종 교수에게 전화했더니 반갑게 받았다. 작년에 귀띔해준 미인대회에 꼭 출전하고 싶다고 전했다. 알아보고 연락할 테니 기다리라고 했다. 며칠 후 다시 연락이 와 직접 동행해 주겠다며 응원해 주었다.

약속한 날짜에 방배동 사무실로 함께 갔다. 애나 박 대표를 만나 대회 관련 설명을 들었다. '미즈 실버 코리아' 대회의 취지는 꿈, 희망, 도전, 열정, 환희를 전하고 신비롭고 아름다운 동화를 간직한 축제와 같은 대회란다. 망설일 이유가 없었다. 올바른 선택 같으면 곧바로 행동이다. '미즈 실버 코리아' 대회 접수번호는 59번. 그 후로도 참가번호가 세 번이나 바뀌었다. 워킹, 스피치, 춤, 패션쇼 등 힘든 연습 과정에서 중도 탈락자가 발생했기 때문이다. '미즈 실버 코리아'는 '미스 코리아' 대회와 똑같지만 수영복 심사만 없었다. 본선 무대에 서려면 먼저 참가비를 내고 서너 번의 예선을 통과해야 한다.

"이 대회에 도전하기 위해 13㎏ 감량해 탤런트 강부자 씨보다 날씬해졌고 탤런트 전원주 씨보다 더 유쾌하게 웃을 수 있습니다." 첫 번째 관문을 통과할 때 대표님이 어떻게 왔냐고 묻길래 대답했다. 천연덕스럽게 너스레를 떨며 당당히 나를 소개하고 눈도장을 확실히 찍었다.

이때만 해도 면접 등 관문 몇 개만 통과하면 다 끝나는 걸로 생각했다. 참가비만 내면 되는 줄 알았던 나는 세상 물정을 몰라도 너무 몰랐다. 프로필 사진을 찍을 때, 본선 무대에 설 때 드레스를 두 번, 한복을 두 번 입어야 했다. 저렴한 일반 한복이나 드레스가 아닌 주최측이 지정한 장소에서 빌려 입어야 했다. 대여료가 결코 만만하지 않았다. 원성식 선생에게 대회 사실을 알리고 이런저런 돈이 생각보다 많이 들어 그냥 포기할까 말했더니 '끼 많고 재능 많은 장복순 씨가 도전하지 않으면 누가 도전하냐'라며 통장 계좌번호를 요구했다. 지체 없이 200만 원을 보내준 것을 계기로 지인, 친척, 가족 심지어 카카오스토리 친구들까지 돈을 보내주었다.

예선을 통과하고 본선에 나간다고 하자 모두 계좌번호를 알려달라고 했다. 지금 생각해도 당시 일은 모든 것이 기적이었다. 철부지 시인을 물심양면으로 도와준 그들에게 보답하기 위해 뭔가 보여드리고 싶었다. 잠자다가 일어나서도 무대에서 말할 스피치 연습을 했다. 뚜벅이족인 나는 버스 정류장에서 지하철을 타러 가면서도 가끔 워킹 연습을 했다.

무대에서 선보일 이런저런 연습 때문에 서너 달 동안 새벽 별 보고 나갔다가 저녁 별 보고 집에 돌아왔다. 그 와중에 운동도 열심히 해 17㎏ 감량에 성공했다. 그 무렵 나를 본 지인들은 어떻게 살을 뺐기에 그렇게 예쁘냐며 옷 선물도 했다.

대회 기간 동안 명리학의 대가 서본학 원장이 '초담'이라는 호를 지어주었다. 맑은 우물물에 핀 한 떨기 꽃이 위풍당당 세상을 밝힌다는 뜻이란다. '호' 값을 할 테니 지켜봐달라고 말했다. 얼마나 고마운 일인가.

"무대에 섰을 때 장복순 님처럼 웃으세요."

이미지 메이킹 교수가 지도하던 표정 관리시간이었다. "세 번째 줄,

빨간색 옷 입으신 분, 앞으로 나오세요." '왜 나를 무대에 세울까?' 대뜸 한 번 웃어볼 것을 요청했다. 못 할 일도 아니어서 최대한 예쁜 표정을 지으며 화사한 장미꽃처럼 웃었더니 '바로 이겁니다. 대회에 나가 무대에 섰을 때 이분처럼 웃으시면 됩니다'라고 일러주었다. 물론 백만 달러짜리 미소가 하루아침에 만들어지지는 않지만 웃는 연습을 해야 한다고 수업하면서 선물까지 챙겨주었다. 웃는 얼굴이 예쁘다는 칭찬을 많이 들었기 때문이다. 행복했던 순간. 지금 생각해도 입가에 미소가 번진다.

2017년 11월 18일 드디어 본선 대회가 시작되었다. 삼성동 코엑스 컨퍼런스룸에서 진행되었다. 여러 심사위원과 기자들부터 막내 환룡, 막내 올케, 한국 시니어 마술계의 대부인 부부, '잔디와 소풍' 김인식 교수, '파인땡큐' 도미라 회장, 정면주 사진작가 외에도 많은 분이 대회장을 찾아주셨다. 최경수 교수는 응원 플래카드를 흔들며 '미즈실버코리아' 대회 참가번호 8번을 응원하는 함성에 무대는 이미 흥분과 열광의 도가니였다. 일일 매니저로 온 올케는 대회가 문화사업인 만큼 어차피 퀸은 정해져 있다고 귀띔했다. 축제 한마당을 마음껏 누리고 즐기라고도 했다.

"할 수 있다. 잘할 수 있다. 나는 장복순이다." '참가번호 8번' 사회자가 장복순을 호명했다. 마음속으로 깊은 심호흡을 했다. 자기 최면을 걸어야 했다. 떨리지만 한편으로 얼마나 기다린 순간인가. 이순종 교수가 마련해준 하트 모양 손수건을 당당히 펼쳐보이며 인사했다. "인생을 시처럼 살자. 무에서 유를 창조하는 참가번호 8번 흑진주 시인 장복순입니다. 사랑하고 감동하고 희구하고 전율하며 살아온 삶을

이 무대에서 한껏 펼쳐 보이겠습니다.” 위풍당당하게 스피치했다. 무대 멘트가 너무 아름다웠다고 심사위원 전원이 말했을 정도다.

나는 뭐든지 하겠다고 마음먹으면 하고야 만다. 되면 하는 게 아니라 하면 된다. 서너 달 연습 기간 도중 노래 ‘따르릉’에 맞추어 춤추는 동작도 있었다. 처음에는 어색했지만 부단한 노력 끝에 잘할 수 있었다.

‘미즈 실버 코리아’ 대회의 꽃인 ‘인기상’을 받았고 ‘아름다운 심상’까지 받아 드물게 2관왕에 올랐다. 최선을 다했기에 결과에 만족한다. 덕분에 소속사가 생겼고 일상의 변화도 시작되었다. TV ‘채널A’에 출연하는 기염을 토했고 2018년 월간지 「파워코리아 PowerKorea」 신년호 표지모델이라는 쾌거도 이루었다.

그해 월간지 「INTERVIEW」 5월호 표지모델도 되었다. 세월이 아무리 흘러도 변하지 않는 순수처럼 영원히 나이 들지 않는 마음이었다고 해석하고 받아들인다. 모진 풍파에도 탐스럽게 꽃을 피우는 동백꽃을 닮았다. 나 자신의 가치를 올리는 데 최선을 다한 열정의 대가이기도 했다. 좋은 결과에 세상은 나와 함께 춤추고 신나 보였다. 영원히 못 잊을 축제의 한마당 ‘미즈 실버 코리아’ 대회에 도전했던 ‘용기’ 덕분이다.

06

꿈과 성공 방정식

방정식은 특정 문자가 특정 값을 취할 때만 성립하는 등식이다. 인생이라는 식에 포함된 변숫값에 따라 참 또는 거짓이 되는 인생 방정식에서 등식을 성립시키는 특정 값을 구하는 방법은 무엇일까. 꿈과 성공 변수를 어떻게 전개해야 인생 방정식을 풀 수 있을까. 삶의 벽에 부딪히며 생기는 수많은 어려움을 벽이라고 생각하지 않는다. 무너뜨리기만 하면 벽도 길이 된다는 것을 깨달았다. 그렇게 길을 낸 사람이 운이 좋은 사람이라고 한다. 운이 좋은 사람들은 몇 가지 비밀이 있다. 비밀을 알아내기 위해 부지런히 기웃거렸지만 늘 어깨너머였다. 이제 해를 구했으니 근도 찾아냈다.

사람은 운 좋게 태어나거나 그러지 못할 수도 있다. 다정하게 늙어가는 커플이나 성공한 커리어우먼, 억만장자, 가난하지만 행복하게 사는 사람을 가끔 만나게 된다. 그들이 '운이 좋은' 것은 일반인들과 다르게 생각하고 행동했기 때문이다. 요즘처럼 급변하고 미래가 불확실한 시대에 부자로 태어나지 않았더라도 자신을 운이 좋은 사람으로 바꿀 수 있다는 뜻이다. 늘 성공하는 '운이 좋은 사람'의 특징은 무엇일까.

첫째, 마인드가 긍정적인 소유자를 주변에 둔다. 마인드가 부정적인 사람을 주변에 두어 절대로 자신을 무너뜨리지 않는다. 인생 자체도 고달프고 힘들 때가 많다. 부정적인 사람들 때문에 쓸데없이 힘을 낭비하지 않는다.

둘째, 계획이 아닌 목표에 집중한다. 계획은 바뀔 수 있다. 완벽한 계획을 짜더라도 돌발적인 변동사항은 늘 생기기 마련이다. 어떤 상황에서도 목표는 그렇지 않다. 행복한 결혼 생활, 의미 있는 봉사활동, 성공적인 직장 생활을 할 때는 정해진 목표를 이정표 삼아 전진해야 한다.

셋째, 남에 대한 험담이나 비난을 신경 쓰지 않는다. 운이 좋은 사람은 일단 부정적인 생각을 마음에 담지 않는다. 비난받을 때도 대부분 변론하기보다 덤덤히 받아넘기며 가던 길을 걸어간다. 목표를 향해 무조건 직진이다.

넷째, 마중물 역할을 하는 사람이다. 펌프에 마중물 한 바가지를 부으면 물이 콸콸 쏟아져 나온다. 마중물이 있어야 깊은 땅속 샘물을 끌어올릴 수 있다. 누군가를 기다리는 것은 설레는 일이다. 자신을 드러내지 않고 따뜻한 손을 내미는 마중물 같은 사람이 되자.

다섯째, 모든 일이 완벽할 수 없음을 인정한다. 운이 좋은 사람은 '지금은 적절한 때가 아니다'라고 대충 둘러대는 대신 '지금이야말로 가장 좋은 때다'라고 말한다. '좋은 때'가 따로 없음을 이미 알기 때문이다. 운이 좋은 사람은 '좋은 때'를 스스로 만든다.

여섯째, 해야 할 일을 제대로 묵묵히 열심히 한다. 운이 좋은 사람은 쉽게 자랑하거나 만족하지 않는다. 페이스북이나 트위터에 일상 사진을 올리는 데 시간을 많이 뺏기지도 않는다. 운이 좋은 사람은 그야말로 '일'하느라 바쁘다.

일곱째, 목표를 정했으면 적극적으로 실행해야 한다. 이래서 안 되고 저래서 안 되고 핑계를 대기 시작하면 핑곗거리만 늘어 자칫 작심삼일이 되기 쉽다.

여덟째, 이성보다 마음이 원하는 쪽을 따를 때가 많다. 사람은 어려움에 부딪히면 이성과 감정 사이에서 많이 고민한다. 이때 운이 좋은 사람은 머리보다 마음이 이끄는 대로 따른다. 오랜 경험에서 몸이 전하는 메시지에 귀 기울인다.

'늙은 당나귀' 이야기다. 한 농부가 당나귀와 함께 길을 가는데 갑자기 바람이 불고 짙은 안개가 끼어 한 치 앞도 못 보는 오리무중이 되었고 당나귀는 발을 헛디뎌 우물에 빠지고 말았다. 농부가 당나귀를 구하려고 우물 안을 내려다보니 생각보다 깊었다. 당나귀를 구하려고 여러 방법을 써봤지만 허사였다.

그때 이 우물은 샘물이 말라 동네 사람들이 사용하지 않는다는 말을 들은 농부는 늙은 당나귀를 포기하고 우물을 메우기로 결심했다. 도와달라고 농부가 주변에 외치자 많은 사람이 모여들었다. 어차피 쓰지도 않는 우물이니 메우기로 의견이 모여 각자 삽으로 흙을 파 우물 안으로 던지기 시작했다.

잠시 지켜보니 당나귀의 반응이 이상했다. 등 위에 떨어지는 흙을 고스란히 받지 않고 연신 털어낸 흙을 계속 밟아 다졌다. 한참 후 흙이 높이 쌓이자 당나귀는 쉽게 우물에서 나왔다. 힘든 일에 부딪혔지만 포기하지 않고 발판 삼아 기어이 홀로 일어서는 데 성공한 것이다.

당나귀 두 번째 이야기. 당나귀 두 마리 중 어미를 분간하려면 먹이를 주면 알 수 있다고 한다. 먹이를 먼저 먹으면 새끼이고 나중에 먹으면 어미다. 동물이지만 새끼를 아끼는 마음이 감동을 준다. 목욕탕에 가면 너도 벗고 나도 벗고 다 벗은 사람들뿐이니 똑같은 사람으로 생각할 수 있지만 그렇지 않다. 언제부터인가 나이 지긋한 어른이나 혼자 목욕 오신 분께 "등 밀어드릴까요?" 먼저 물어보고 등을 시원하게 밀어드린다. 교대로 밀자는 그분들 말씀에 두 딸을 가리키며 웃으며 괜찮다고 손사래쳤다. 고맙다며 박카스 세 병을 사준 경우도 있다. "제가 힘세다니까요. 하하하. 고맙습니다. 잘 마시겠습니다." 오가는 정으로 훈훈한 광경이 펼쳐졌다.

"여보, 3만 원만!"

도수리로 이사하고 가뜩이나 바쁜데 꼬마 신랑이 나를 다급히 찾았다. 미처 짐 정리도 못 한 상태에서 도장 쓸 일이 생겼다. 도장이 어디 숨었는지 알 수 없어 도장을 새로 새기기로 마음먹고 도장 가게부터 찾아보았다. 퇴촌으로 이사와 알게 된 언니는 도장 가게 사모님이었다. 잘 지냈냐며 안부를 묻던 언니가 남편에게 하는 말이 들렸다. "여보, 3만 원만!" "왜? 어디 쓰려고?" 어디 쓸 거냐고 묻는 언니 남편에게 모임 회비 내고 2차로 노래방 간다고 대답했다.

일상에서 흔히 있을 수 있는 부부간 대화인데 순간 나는 싸늘한 기분이 들었다. 영화의 한 장면처럼 이상하리만큼 괴리감을 느꼈다. 수중에 3만 원 정도는 있는데 왜 그런 마음이 들었을까? 세상 살면서 온갖 역경을 겪었지만 별로 부러운 건 없었다. 매사 긍정적인 사고방식과 더없이 온유한 성격에 만고강산이라고 자부한 나인데 그날따라 마음이 흔들리다니.

광양 장날 장보러 가는 시어머니에게 친정 동네 사람들이 만나 했던 말이 있다. "읍내 댁 막내며느리는 호랑이 데리고 살라고 해도 잘 살 거다." 그런 나는 줄 없는 거문고와 짧은 피리라도 마음껏 즐기며 행복한 쉼표도 찍으면서 살아간다. 어쩌면 외로움을 느끼지 않으려고 1분 1초도 아껴가며 분주히 살아왔는지 모른다. 내게 날개를 달아주겠다던 꼬마 신랑은 이제 없다.

재충전이 필요할 때마다 늘 읊조린 문장이 있다. '소리에 놀라지 않는 사자처럼, 그물에 걸리지 않는 바람처럼, 진흙에 더럽혀지지 않는 바람처럼 무소의 뿔처럼 혼자서 가라' 『숫타니파타』에 나오는 문장을 되뇌인다. 끝없이 도전하며 꿈을 크게 가져라. 깨져도 조각이 크다. 긍정적인 사고방식을 갖는다는 것은 유쾌하게 즐기는 마음을 덤으로 얻는 것이다. 좋은 성격은 우연의 결과가 아니라 꾸준한 노력의 산물이다. 긍정의 마인드로 묵묵히 일하는 사람을 주변에 많이 두는 것보다 더 큰 행복도 없다. 자연에도 때가 있듯이 매사 최선을 다해 꿈에 도전하다 보면 나만의 '때'가 반드시 찾아온다. 고지가 바로 눈앞이다.

07

대한민국 신지식인 36호가 되다

"대한민국 신지식인 1호가 누구인지 아십니까?"

"대한민국 신지식인 2호가 누구인지 아십니까?"

팔당호 언저리 '호숫가 소풍'에서 카페지기를 할 때였다. '호숫가 소풍' 원장은 '신지식인 30호'였다. 카페 입구에 신지식인 인증식 사진이 떡하니 걸려 있었다. 출근 첫날 입구에 들어서는 첫걸음에 마주쳤다. "이게 뭐지?" 심장이 급발진하는 소리가 카페 안을 공명시켰다. 한동안 잠잠했던 심장박동이 첫날부터 불규칙하게 제멋대로 내달렸다. 궁금증이 도졌다. 나름 책 읽고 글만 쓰는 일이 로망이었고 공부를 좋아했다. 많은 별명 중 '걸어 다니는 백과사전'도 있다. 대한민국 신지식인은 누가 어떻게 인증한단 말인가.

"1호는 심형래, 2호는 안철수입니다."

궁금증은 생겼을 때 바로 풀어야 직성이 풀린다. 끙끙대고 낑낑대는 꼴은 못 본다. 다짜고짜 원장에게 돌직구로 들이밀었다. 원인을 제공했으니 정답도 끼워줘야 이치에 맞다고 생각한다. 자초지종 따질 게 아니라 덤비듯 물으니 원장이 커피부터 한 잔 내리고 자리했다. 쉽지 않은 도전이어서 으름장부터 놓았지만 방법을 자세히 말해주었다.

관심이 조금씩 깊어갈 무렵 전 태권도 국가대표 출신 장길표 남동생이 먼저 '신지식인 31호'가 되었다. 멀지도 않은 내 가까이 신지식인이 이미 두 명이나 있다니 머뭇거릴 이유는 없다. 길을 두고 길을 알았는데 길을 나서지 않는 것만큼 어리석은 일도 없다. 무조건 직진이다. 무조건 도전이다.

까다로운 서류 심사 과정부터 꼼꼼히 챙겼다. 남동생과 「파워코리아」 안정희 국장에게서 조언을 구하는 것이 시작이다. 우리나라 100대 CEO 중 어떤 분은 서류 심사에서만 세 번 떨어질 정도로 어렵다고 들었다. 어영부영 서툴게 설쳤다간 낭패 보기 십상이다. 그럴 바에 애당초 거들먹거리지 않는 게 옳다. '힘들게 자격증을 따면 이제 쉬어야지'라는 마음은 잠시뿐이고 또 새로운 도전 거리를 찾다가 어느새 '레크매직 지도사', '성희롱 예방교육 강사'를 포함해 40개가 넘는 자격증을 땄고 그중에는 상을 받은 내용도 있다.

2019년 제13회 '대한민국 교육산업 대상' 명강사 부문 대상과 『스포츠서울』 '기업 브랜드 대상 시문학 부문' 대상, 2020년 '샘터 문학상' 우수상, '한국 참여문학상' 수상, '오은 문학 2호 작가상' 수상, 2020년 하반기 '자랑스러운 혁신 국민파워 브랜드 대상' 사회공헌 혁신 리더로 '흑진주 시인 장복순 작가'로 받았다. 종편방송 채널A에 출연했고 「파워코리아」 신년호 표지모델, 「월간 인터뷰」 5월호 표지모델이 되었고 『광양 신문』 '이달의 인물'로 나왔고 전 국민 축제 '퇴촌 토마토 축제' 때는 두 번이나 시화전을 열었다.

제출할 서류에 어떤 상을 받았고 어떤 활동을 했는지 구체적으로 이력을 써넣어야 했다. 앉을 새도 누울 새도 없이 부지런히 부리나케 서둘렀다. 엄청난 양의 서류를 빠짐없이 준비했다. 열심히 준비해 마감시간 전에서야 겨우 서류를 제출했다. 면접 관문까지 통과한 신청자만 350명을 훌쩍 넘었다는 소식이 들려왔다.

일단 서류 전형에 합격했다는 문자를 받았다. 이제 12월 23일 면접만 남았다. 신지식인 선배 남동생에게서 많은 경험담을 듣고 또 들었다. 그 덕분에 면접날에도 심사위원 앞에서 떨지 않고 잘할 수 있었다. 꽤 까다로운 면접에서도 심사위원들은 그동안 최선을 다해 살아온 삶을 높이 평가하는 것 같았다. "대한민국 신지식인 36호로 선정되셨습니다." 진정성이 통했나 보다.

2020년 12월 31일 최종합격 문자를 받았다. 교육·문화 부문 '대한민국 신지식인 36호'가 되었다는 기쁨에 온종일 웃음이 멈추지 않았다. 가슴이 벅찼다. 『참여문학』 등단 소식에도 온 세상을 얻은 듯 기뻤다. 대한민국 신지식인 36호로 선정되다니 꿈만 같았다. 맨 먼저 가족에게 알렸다. 가문의 영광이라며 기뻐해 주었다. 친구들과 지인들도 자랑스럽다고 칭찬을 아끼지 않았다.

어린 시절 소풍날을 기다리듯 시상식 날이 손꼽아 기다려졌다. 코로나 19로 시상식 날짜는 세 번이나 속절없이 미루어졌다. 코로나 19 확산 방지를 위한 정부 정책과 국회 대관 지침에 의해 부득이하게 '포스트 코로나 시대, 세계를 선도하는 대한민국 신지식인 포럼과 제36회 인증식'이 결정되었다. 장소는 '백범 김구 기념관'으로 최종결정되었다.

4월 28일 수요일 오후 3시. 드디어 '백범 김구 기념관' 컨벤션홀에서 개최되었다. 지금까지 시상식 개최는 국회의사당이 전통이었는데 부득이 그렇게 되었다. 인증식에는 코로나 때문에 초대 인원이 제한되었다. 기쁜 날 서운함에 서먹서먹했다. 우리 가족 대표로 꽃다발을 들고 막내 환룡이가 와 축하해 주었다. 남동생과 올케가 축하 인사와 함께 꽃바구니를 선물해주었다. 정면주 사진작가가 한달음에 달려와 기념사진을 촬영해 주었다. '미즈 실버 코리아' 미인대회를 비롯해 내 시집 『그리움 0516』 출판기념과 같이 중요한 자리를 빛내준 고마운 분이다.

'사람이 마음으로 자기 길을 계획하더라도 그의 걸음을 인도하시는 이는 여호와시니라' 『성경』 잠언에 나오는 내용이다. 인생의 길목마다 나를 도와줄 사람을 세워둔다고 생각하게 한다. 내가 한 거라곤 '도전' 하겠다고 결심한 것뿐이다. 신지식인은 '새마을운동'처럼 일본, 중국, 동남아를 넘어 해외에 수출되었다. 지식 공유와 나눔이 이루어졌고 더 많은 나라에 공을 들이는 중이다. 나눔은 나눈다고 줄거나 사라지지 않는다. 쌀, 선풍기, 연탄 등의 '나눔'을 소외된 이웃에게 실천한다. 신지식인은 지금 법제화를 추진 중이다.

설렘으로 들뜨게 만든 『인생은 파도가 쳐야 재밌제이』의 홍쌍리 명인도 대한민국 신지식인이다. 『동행을 부르는 이야기』 책이 세상에 나올 수 있도록 책쓰기, 글쓰기 공부를 지도해준 어성호글쓰기연구소 대표이자 『글쓰기의 8가지 기술』의 어성호 작가도 대한민국 신지식인 37호다. 어성호 작가 하면 떠오르는 이미지가 있다. 우거진 아름드리에 새들이 깃들게 하고 그늘이 되어 주고 그루터기까지 내주는 『아낌없이 주는 나무』가 생각난다. 방대한 지식의 보고다. 주고 또 주고 위대한 꿈을 향해 무한도전 질주하도록 도와준 큰 바위 얼굴이다. 루틴대로 부지런히 행동하는 '참 작가'다.

공자는 '일생 계획은 젊은 시절에 달려 있고 1년 계획은 봄에 달려 있고 하루 계획은 새벽에 달려 있다. 젊어서 배우지 않으면 늙어서 아는 것이 없고 봄에 밭을 갈지 않으면 가을에 바랄 것이 없으며 아침 일찍 일어나 서둘지 않으면 그날 해야 할 일을 못 하게 된다'라고 말했다. 그대로 기억하고 따랐다. 인생 계획을 구체적으로 세워 실천했다. 대한민국 신지식인은 아무나 될 수 없다. 내가 위대한 것은 바로 내가 그 일을 해냈기 때문이다. 멈추지 않고 도전하면 기회는 반드시 온다. 나는 '대한민국 신지식인 36호'다.

진주 씨의 꿈
Do Dream(두드림)

01 산전수전 공중전의 난타

지금 눈 내리고
매화 향기 홀로 아득하니
나 여기 가난한 노래의 씨를 뿌려라

안양 박달동 부대 관사에 살 때 마음 온도는 사계절이 한겨울처럼 느껴지던 시절이었다. 큰딸을 거기서 낳아 마냥 행복했다. 그런데도 이육사 시인의 '광야'의 구절처럼 처절히 진저리쳐지는 데는 그만한 속 쓰림이 있기 때문이다. 행복하다는 느낌이 사라지기 시작했다. 새로 부임해온 대대장 사모가 등장하면서부터다. 사모가 이사왔다고 장교 가족, 하사관 가족들이 대대장 관사에 인사하러 갔다. 부대에서는 위 사모가 부하직원 아내를 부를 때 '2중대장 가족' 이런 식으로 부른다.

"1중대장 가족입니다." "2중대장 가족입니다." 모인 분들이 차례로 인사드렸다. 인사가 끝나자마자 나를 보더니 대뜸 '2중대장 가족이 모시는 사모님이 누구냐?'라며 딴지를 걸었다. 무슨 뜻인지 감이 안 왔다. 대대장 사모를 가리키며 "사모님이시잖아요." 말했다. 죄인을 문초하는 듯한 차가운 얼굴에 온갖 인상에 권위적인 말투가 영 밥맛이었다.

분위기가 썰렁했다. 관사에서 살았던 우리 집은 창고가 넓었다. 다른 부대로 전근가는 전임 대대장 사모가 이삿짐을 한꺼번에 다 못 가져간다며 일부를 맡기고 갔다. 창고도 넓고 사는 동안 국가가 임시로 쓰게 한 창고이니 안 된다고 말할 특별한 이유는 없었다. 그동안 정들었는데 매정하게 거절할 수 없는 노릇이었다. 이사 온 첫날 우리 집 창고를 들여다보았을 리도 없는데 어떻게 알고 그랬을까. 황당했다. 전임 사모와 현 사모가 앙숙 관계였다는 것을 나중에 알게 되었다. 아무리 그래도 그렇지 그 이삿짐의 일부를 보관하는 데 그렇게 역정 낼 필요는 없다고 생각했다.

일주일쯤 지났을까. 대대장 생신을 맞아 장교 가족, 하사관 가족을 불러 함께 음식을 만들게 되었다. 탕수육 거리 고기를 썬다며 앞집 군사 과장도 호출했다. 당연히 감독관도 호출했다. 그런가 보다 생각했는데 왠지 분위기가 묘했다. 군수 과장은 와서 고기 써는 일을 돕는데 후배인 감독관은 안 왔다. 내가 잘못한 일도 아닌데 괜히 좌불안석이 되었다. 그날은 그랬다.

하루는 군수 과장이 자기 집 창문에만 비닐을 치고 겨울나기 준비를 했다고 '당신 대대장이 누구냐?'라며 군수 과장 맞냐고 흘겼다. 얼굴이 붉으락푸르락 호통쳤다. 그 후 하루는 Y 중위의 뺨을 때리는 사건이 발생했다. 대대장에게서 뺨을 맞아도 기분 나쁜 일인데 대대장 사모가 뺨을 때리다니. 있을 수 없는 일이다. 전임 군수 과장 가족은 잦은 스트레스로 유산까지 했다. 급기야 현 군수 과장 사모는 관사에

물이 잘 안 나온다는 핑계로 아파트로 이사가버렸다.

부대 내 관사는 대대장 관사, 군수 과장 관사, 2중대장 관사 세 집이 살았는데 그후로 군수 과장님 관사는 쭉 비워졌다. 애먼 시집살이를 누가 하겠는가. 문제는 관사에 남은 나였다. 시장을 함께 가자고 하면 차마 안 간다고 할 수 없어 함께 갔다. 갈치를 사면 나는 손바닥만한 것을 고르는데 사모는 팔뚝만한 갈치를 고르며 지갑을 깜빡 잊고 놓고 왔다고 했다. 처음에는 그럴 수 있다고 생각했다. 두세 번까지는 건망증 때문에 그랬다고 쳐도 희한한 셈법은 도무지 끝나지 않았다. 그 부대에 근무하는 내내 대대장 사모는 지갑을 안 가져왔다고 했다. 계산은 결국 내 몫이었다. 감독관이 알았다면 노발대발했을 것이다. '임금님 귀는 당나귀 귀'라고 외치고 싶었지만 벙어리 냉가슴 앓듯 속으로 끙끙대기만 했다. 바보도 아니고 기가 막혔지만 어쩌랴.

중대장 보직을 맡았을 때 '서열과 평점을 잘 받아야 소령 진급이 빠르다'라는 말을 가끔 했다. 계급사회의 병폐다. 마음고생이 무척 심했다. 큰딸 유리 백일 무렵에 이사온 그분에게는 유리와 동갑인 늦둥이 딸이 있었다. 단 본부의 위 사모가 부르면 늦둥이 딸을 팽개치고 덜컥 내게 맡겼다. 아이만 맡길 뿐만 아니라 전용 무수리처럼 대대장 관사로 나를 불렀다.

아침에 출근하자마자 감독관은 호출했다. 갓난아이 키우기도 힘든데 우리 집 정리도 다 못했는데 빨리 오라고 당당히 말했다. 관사에 불려 가보면 집은 난장판에 내가 오기만 기다렸다는 듯 청소며 빨래며 설거지도 못 했다며 부탁 아닌 부탁을 했다. 너무 심하다고 생각했지만 거절했다가 나 때문에 진급에 실패할 것 같아 속마음을 접어야 했다. 아기 둘을 돌보면서 청소하랴 빨래하랴 설거지하랴 징글징글 난감했다. 일회용 기저귀가 아닌 천 기저귀를 쓰던 시절이어서 양쪽 집 기저귀를 빨래해 널고 개는 일만 해도 큰일이었다. 둘 다 젖병에 우유 먹여야지 기저귀 갈아줘야지 장교 부인이 아니라 식모 같았다. 이게 사람으로서 할 노릇인가.

회의감이 들었다. '내가 군인도 아닌데 왜 이래야 하지?' 중뿔났다. 온종일 동동거리다가 오후 늦게 단 본부 사모들을 데려오면 커피까지 타 대접했다. 유리가 잠자면 업고 일하기 불편해 우리 집에 재워놓고 갔다. 혹시 잠에서 깨 우는지 사모 늦둥이를 업고 양쪽 집을 오가느라 생고생했다. 그렇게 자주 살펴보았지만 어느새 잠에서 깬 유리는 엄마가 곁에 없어 얼마나 울었던지 문지방에 눈물이 흥건히 고였을 정도였다.

배고픈 걸 못 참는 감독관이 퇴근해 밥 달라고 하면 순간 꾀를 내야 했다. "자기야, 내가 짜장면이 먹고 싶어 밥 안 했다." 둘러댔다. 성격 급한 감독관의 뚜껑이 열리면 수습 불가였다. 그러기 전에 상황에 맞는 답을 들이대느라 매번 힘들었다. 내가 군인이지 당신이 군인이냐며 대대장 사모가 불러도 적당히 거리를 두라고 감독관이 일러주었다. '있었던 일을 다 말했으면 펄쩍 뛰었을 텐데. 내 뒷수습은 꿈에도 몰랐을 거야'

하루는 사모가 끼던 다이아몬드 반지가 없어졌다며 혹시 못 봤냐고 또 호출했다. 나라면 미안해서라도 그런 말을 못 할 텐데. 함께 온 집안을 이 잡듯 뒤졌지만 결국 못 찾았다. 내가 훔친 것도 아닌데 얄궂은 기분만 들었다. 며칠 후 아무 일 없었다는 듯 "2중대장 가족, 미안해서 어쩌냐." 침대 매트리스 사이에서 반지를 찾았단다. 양쪽 관사에 불이 꺼져있으면 '5분 대기조'를 걸었다. 집을 비우는 날에는 지하실 연탄을 갈아달라는 주문도 했다. 겁많은 내가 감독관 몰래 어두운 계단을 더듬거리며 내려가 연탄을 갈았다. 별별 일을 다 겪었다.

한 장군이 안 좋은 일에 연루되어 옷을 벗은 사건이 신문에 실린 적이 있다. 불명예 제대다. 기다린 모든 것이 물거품이 된 것이다. 장군 사모의 말에 나도 모르게 눈물이 났다. '식모는 월급이라도 있지' 나는 뭐냐는 뜻이었다. 관사에 불이 났다. 부대 체육대회 날 어린 유리를 업고 행사를 치를 수는 없어 부천 형님댁에 맡기고 오던 길이었다.

관사 입구에 들어서니 웅성웅성 야단이었다. 다른 가족이 가스레인지에 육개장을 끓이다가 벽에서 가까운 가스 배관이 가열되어 불이 붙었다고 한다. '펑!' 가스가 폭발해 지붕을 뚫었다고 한다. 하늘이 무너져도 솟아날 구멍은 있다던가. 천만다행으로 가스통의 가스가 떨어지기 일보 직전이어서 큰 사고가 나지는 않았다. 그야말로 산전수전 공중전 다 겪은 셈이다. 지나간 일들이 파노라마처럼 스쳐 지나갔다. 물난리에 불난리까지. 산전수전 공중전 다 치르고 나서 지금은 웃으면서 신나게 난타를 치고 있다.

02

인생은 꿈의 공연이다

'아름다운 이 세상 소풍 끝내는 날 가서 아름다웠다고 말하리라'

묘비명. 무덤 앞에 세운 비석에 죽은 사람의 이름, 신분, 행적을 새긴 글이다. 학교에서는 글쓰기 훈련으로, 회사에서는 신입사원 교육으로, 어르신들에게는 아름답게 죽음을 맞는 방편으로 흔히 쓰인다. 한 사람이 살아온 '인생'을 단 몇 줄의 문장으로 압축하는 것만큼 어려운 글쓰기가 또 있을까.

살아서 유고 시집 『새』가 나온 유일한 시인 천상병. 이전에도 없었고 앞으로도 생기기 힘든 일이다. 부산 영도대교에서 사랑하는 사람을 기다릴 만큼 순수했던 시인. '동백림사건'에 연루되어 전기고문 후유증으로 평생 아이도 못 낳을 처지가 되어 길거리에 버려졌다. 마흔 네 살 늦깎이 총각은 친구 누이동생 문순옥 여사와 결혼해 '세상에서 가장 행복한 사나이'로 불리길 자청했다.

극작가 신봉승 선생의 강연에서 들었다. 천하 식객으로 불리며 신봉승 선생 댁에서 더부살이할 때였다. 밥 먹다가 귓등으로 TV 프로그램 「장학퀴즈」에서 나오는 문제를 여지없이 풀어냈다는 일화. 인사동 찻집 '귀천'을 운영하는 문순옥 여사가 주는 2천 원으로 하루에 막걸리 한 병이면 세상 부러울 게 없다고 말했다. "나 하늘로 돌아가리라. 아름다운 이 세상 소풍 끝내는 날 가서 아름다웠다고 말하리라." 천재 시인 천상병은 그렇게 우리 곁에 머물렀다.

평소 '꿈의 무대'에서 공연하는 꿈을 꾸곤 했다. 그때까지는 막연한 꿈에 불과했다. 꿈만 꾸면 헛꿈이지만 현실이 되면 더 이상 망상이나 공상이 아니다. 그 순간에 필요한 것은 '1g'의 용기다. 물어서 남 주지 않는다. 떨리든 쭈뼛거리든 묻기 전까지는 내 몫이지만 묻고 나면 그의 몫이다.

색소폰 연주에 관심을 갖게 된 계기가 있다. 하루는 지하철 개찰구에서 빠져나오는데 안내실 쪽 근처에서 연주 소리가 들렸다. 역사 내에서 누군가가 색소폰을 연주하는 소리를 '보았다'. 하던 연주가 미처 끝나기도 전에 구체적으로 꿈을 꾼 순간이었다.

'아이너싱홈'에서 사회복지사 실습을 할 때 매주 토요일마다 색소폰 공연을 오는 분이 있었다. 평일에는 건축 일을 하는 도성철 단장이 재능기부 봉사를 온 것이다. 어르신들이 즐겨 부르는 애창곡 주문을 받아 곡에 맞추어 색소폰 연주를 했다. 색소폰에 맞추어 노래를 흥얼거리는 수준이 아니었다. 악기 없이 무반주로 노래하면 흥이 나지 않고 시들하다. 노래 실력이 약간 부족해도 색소폰 연주를 곁들이면 어르신들의 노래가 맛깔스러워진다. 실습 기간 내내 매주 보게 되었고 단장님의 색소폰 연주에 맞추어 '닐리리 맘보' 노래를 신나게 불렀다.

앙코르 요청이 나오면 한 박자 쉬면서 멘트를 날렸다. "노래 '홍도야 울지 마라'를 세 글자로 줄이면 뭘까요?" 잠시 뜸을 들이다가 정답을 말한다. "홍도 뚝입니다." 그런 다음 내 애창곡 노사연의 '만남'을 불렀다. 평소 악기 하나 정도는 취미로 배워두면 좋겠다고 생각했다. 오가는 사람들의 귀를 즐겁게 해주고 발걸음이 가벼워지도록 응원해주며 '행복 에너지'를 전하고 싶다고. 프로그램이 끝난 후 단장에게 물었다. 어떡해야 색소폰 연주를 잘할 수 있냐고.

'쇠뿔도 단김에 빼라'

광주시 초월읍에서 일주일에 한 번씩 개인 지도를 한다고 귀띔해 주었다. '이게 웬 거냐!' 심 봉사 눈뜨듯 귀가 솔깃했다. 단 1초의 망설임도 없이 사회복지사 실습이 끝나자마자 색소폰을 구입해 곧바로 등록했다. 매주 토요일 퇴촌에서 초월까지는 여간 난코스가 아니다. 무거운 색소폰을 둘러메고 버스를 세 번이나 갈아타야 했다. 그러든 말든. 잠시 팔다리가 힘들지 '내'가 힘든 건 아니잖은가. 새로운 목표와 꿈이 생기자 마냥 즐거웠다. 지하학원에는 방음시설이 잘 갖추어진 개인연습실이 따로 있었다.

첫날은 색소폰 기본 이론부터 배웠다. 운주법도 알려주었다. '도레미파솔라시도' 소리내기가 여간 쉽지 않았다. 잘하고 싶은 마음은 굴뚝 같은데 자꾸 '삐리삐리' 바람 빠지는 소리만 났다. 일주일을 그렇게 보냈다. 애쓴 보람이 있어서인지 용케 '도레미파솔라시도' 소리를 겨우 흉내냈다. ‘만남’, ‘어느 소녀의 사랑 이야기’, ‘언체인드 멜로디(Unchained Melody)’. 목표가 정해지자 고지가 보이는 것 같았다.

퇴촌 농협에서 운영하는 프로그램에서 오카리나를 배웠다. 진관, 형묵, 장현, 현실, 문숙, 정애와 함께 6개월 동안 심일성 선생으로부터 배웠다. 그러고도 가장 좋아하는 두세 곡 정도는 연주하고 싶어 동네 드럼 학원에 등록해 6개월 동안 더 배웠다. 재능기부로 ‘미소유치원’ 재롱잔치 행사에서 오카리나를 합주했다. 천진난만한 아이들의 미소와 학부모들의 흐뭇한 웃음을 보며 봉사의 기쁨을 만끽했다.

한발 더 나아가 드럼에도 도전했다. 1년 동안 묵묵히 드럼을 배웠다. 전원교회에서 6개월, 동네 학원에서 6개월 동안 배웠다. 처음 연습할 때는 베개 두 개를 옆으로 늘어놓고 연습했다. 양평 학원에서 배우다가 교회로 옮겨 연습했다. ‘6개월이면 되겠지’ 생각했는데 그 정도로는 어림없었다. 제대로 연주할 실력에 못 미친다는 것을 깨닫고 동네 학원에서 6개월 더 다녔다. 선생은 영화 「미션 임파서블」 주제곡을 틀어주고 연습하게 했다. 한바탕 신나게 드럼을 두드리면 스트레스가 풀리고 신도 났다. 코로나 시국만 아니었으면 실력도 일취월장했을 텐데 못내 아쉽다.

오카리나와 드럼을 배운 김에 하나 더. 전원교회 청춘 성가합창단 지휘자 진규섭 장로로부터 아코디언도 배웠다. 혼자 배우면 좀 쉬었다가 가면 좋겠다고 생각했겠지만 거세게 밀어붙여도 모두 아무 불만 없이 동참했다. 함께 해 가능한 일이었다. 각자 아코디언을 구입하고 교재를 받았다. 매주 토요일 오후 교회에서 배웠다. 첫날은 기초 이론을 배우고 쉬운 동요부터 연습했다. 피아노 건반과 똑같으니 쉬울 거라는 예상은 천부당만부당 순진한 착각이었다.

첫째, 무거운 아코디언을 어깨에 메고 연주하는 것이 쉽지 않았다. 둘째, 양손으로 건반을 누르며 연주하는 것은 피아노와 같지만 벨로즈를 펼쳐 음의 강약을 조절해야 해 무척 난감했다. 어느 정도 익숙해지자 가요와 트로트를 연습하다가 찬송가를 연습할 때는 꽤 모양새가 났다. 똑같이 시작했어도 성희 집사는 진도가 빨라 함께 배우는 미순, 현실, 성훈 집사에게 알려주었다.

'배움은 절대로 배신하지 않는다'라고 했던가. 열심히 배우고 연주하다 보니 예배 시간에 합주하게 되었다. '어메이징 그레이스' 번안곡 '나 같은 죄인 살리신'을 집중적으로 연습해 의정부 임마누엘 교회까지 가 합주하게 되었다. 덕분에 은혜로운 시간을 가졌다. 파티에서 생전 처음 본 사람과 가볍게 목례를 나누고 손잡고 춤을 즐기는 외국 영화 장면이 떠올랐다. 문화적 차이는 있겠지만 나도 누군가가 내미는 손이 부끄럽지 않도록 당당히 춤판에 끼어들고 싶다는 생각이 도전 욕구를 부추겼다. 크루즈 여행이나 '축제 한마당'에서 내가 주인공이 되어 즐길 수 있을 만큼 춤을 배웠다.

자이브, 차차차, 지르박, 블루스 하나하나씩 배웠다. 하나둘 동작을 익힐 때는 둘째 유정이 손을 잡고 댄스 스포츠를 배울 때는 막내 환룡이 손을 잡고. '락 앤 끼까끽 끼까끽' 연습하던 장면이 오버랩되자 입가에 미소가 번졌다. 발을 밟히기도 내가 밟기도 하며 웃고 떠들며 배웠다. 스텝이 꼬이기도 했지만 땀흘려 배운 춤 실력은 어디 가지 않았다.

성남 '안나의 집'에서 어버이날 '효 잔치' 초대를 받아 춤 동아리 분들과 재능기부를 했다. 신나는 음악과 춤이 만나면 걷잡을 수 없이 흥에 취한다. 에너지가 전파되어 휠체어를 탄 어르신들도 덩실덩실 어깨춤을 추었다. 춤으로 멋진 신고식을 마치는 순간 어르신들의 행복해하는 웃음에 감사한 마음만 남았다. 내 몸짓이 누군가에게 행복을 심어주고 기쁨이 된다는 사실에 보람찬 하루였다. 값진 재능기부에 행복지수도 높아지니 솟구치는 엔도르핀은 보너스다.

삶의 길 위에 서서 '이럴 걸 저럴 걸' 망설이지 않고 꿈의 무대를 수놓은 결과다. 인생이라는 무대에서 꿈의 공연을 펼칠 수 있다는 사실은 무한 행복 자체다. 소풍은 놀이이지 전투가 아니다. 걱정 없이 찡그림 없이 웃을 수 있고 행복할 수 있으니 이번 소풍은 쉽게 끝날 것 같지 않다. 묘비명이 없으면 어떤가. 설레는 '도전 거리'가 아직 남았는데.

03

내가 꿈꾸는 시간 혁명이 필요하다

새벽. 새로운 시간에 벼락같은 마음이면 바뀐다. 새로움이 시작되는 시간. 어제는 지나갔다. 지나간 시간은 관여할 바 아니다. 돌이킬 수 없는 시간을 안타까워하느니 바꿀 수 있는 시간을 선택하자. 오늘을 여는 시간이어야 새로움이 움틀 수 있다. 꿈은 당신이 잠에서 깨 잊어버리는 그 무엇이 아니라 당신을 잠에서 깨우는 그 무엇이다. 미국 유명 카운셀러 찰리 헤지스의 말은 이럴 때 유용하다. 바꿀 수 있는 시간을 선택해야 바뀔 수 있다. 새벽을 깨우는 파수꾼이 되어 새벽 3시 50분이면 새로운 첫 시작이다.

뭔가를 하는 순간 두려움은 사라진다. 새로운 날 첫 시간에 첫 마음의 출발선에 설 수 있어 감사하다. 계기를 만들고 매일 끊임없이 정해진 루틴대로 행동한다. 삶에 바빠 늘 쫓기듯 살아가면서도 꿈이 절실한 사람은 반대의 삶을 사는 사람과는 출발선 자체가 다르다. 이루고 싶은 간절한 꿈이 있는 사람은 가슴에 품은 비전으로 말미암아 잠에서 깨 벌떡 일어난다.

좋은 기억과 루틴이 많은 사람은 행복인이다. 하루 24시간을 쪼개 1분 1초를 아까워하며 유용하게 나누어 쓴다. 하루 24시간 중 새벽 시간은 그 무엇의 그 누구의 방해도 받지 않는 오직 나만의 시간이다.

내 마음의 주인은 나다. 내가 노예처럼 질질 끌려다니면 안 된다. 벌떡 일어나야 한다. '파워 타임'에는 온전히 나를 위해 투자한다. 아무리 피곤하고 힘들어도 새벽 4시부터 시작되는 '진짜 나 찾기 자기 혁명 프로젝트' 파워 타임에 동참한다. 함께 하는 분들과의 약속을 지키는 시간이다. 아름다운 동행은 어제보다 오늘이 기대되는 이유가 된다. 각계각층에서 일하는 분들이 새벽 4시부터 오전 8시까지 "나 여기 있어요." 밤새 무탈하게 보내고 출근 도장을 찍는다. 각자 도전하는 꿈을 망각하지 않도록 서로 영차영차 기운을 북돋아준다. 김순복, 고영애, 곽도연, 박정인, 이현례, 오경자, 윤중원, 장길표, 조성미를 포함해 12명이 함께 한다. 그럴 때마다 친정엄마 생각이 난다. "자고 싶은 잠 다 자고 먹고 싶은 음식 다 먹었다면 너희 7남매 어떻게 키우고 어떻게 다 교육시킬 수 있었겠냐."

나는 어디를 가더라도 흐트러짐 없이 나 자신과 나눈 약속을 지킨다. 많은 사람과 함께 하는 희망 나눔은 근사하다. 자신의 꿈에 도전하는 분들의 열정을 보면 저절로 힘이 솟는다. 내가 꿈꾸는 내일을 위해 비전을 세우고 나의 방향을 잡아줄 로드맵을 그린다. 일단 목표가 정해졌으니 비전에 걸맞은 행동으로 실천하기로 마음을 다잡는다.

루틴이 완성되면 전체 시스템에 슬쩍 집어넣는다. 목표가 정해졌으니 목표를 이루기 위한 구체적인 계획을 적는다. 중요한 목표는 세분

화하고 항목별로 기간을 정한다. 글을 쓰고 강의안을 기획한다. 기록하다 보면 꿈이 선명하게 보인다. 목표가 이루어졌을 때 느낄 벅찬 감정과 행복한 순간을 상상해본다. 고개를 들고 가슴을 당당히 활짝 펴고. 두 눈에서 레이저가 나오듯 반짝여야 한다. 된다고 생각하는 긍정의 힘이 희망을 주리라 믿는다.

하루는 잠을 자면서 시를 쓰는 꿈을 꾸었다. 불멸의 시를 쓴 줄 알고 얼마나 생생하던지 '아침에 일어나면 생각나겠지'라고 생각했다. 막상 잠에서 깨니 어젯밤 꿈에서 기막힌 작품을 썼다는 생각뿐 머릿속이 멍했다. 얼마나 허탈하던지 그다음부터는 침대 머리맡에 필기도구를 챙겨두었다. 적자생존이다. 공부하는 사람에게 '멈춤'은 존재하지 않는다.

숭실대에서 6개월 동안 운영하는 'CK 자기주도학습' 자격증반이 있었다. 앉아서 듣기만 하는 수업이 아니었다. 실전에서 학생들을 지도하듯 꽤 빡빡했다. 조를 짜 발표하게 했고 파워포인트(PPT)를 만들고 개별 발표도 종용했다. 스파르타식으로 단련된 용사처럼 용감히 따라했다. 자격증을 딸 때는 1급과 2급으로 나뉘었다. 단순히 6개월 동안 공부했다고 주는 게 아니었다. 시험 결과, 점수 미달이면 가차 없이 자격증은 없었다. 다른 시험도 꽤 보았지만 무척 어려웠다. 어렵다고 모두 입을 모아 말했다. 어차피 보는 시험인데 어렵게 공부했으니 나는 1급, 2급 시험을 함께 보았고 운좋게 합격해 자격증을 받을 때는 부자가 된 기분이었다.

'비가 오나 눈이 오나 바람이 부나'

신세계백화점 건너편 서울 중앙우체국 앞을 지나가다 보면 커다란 돌탑에 새겨진 문구를 만난다. 미국 서부개척 시대 당시 우편회사의 캐치프레이즈다. 무슨 일이 있더라도 맡은 우편물을 고객에게 틀림없이 배달해주겠다는 뜻이리라. 돌탑에 새겨진 문구를 보는 순간 내 가슴에도 똑같은 문구를 새겼다. 무척 인상적이었다. '무슨 일을 하든 이같이 한다면 안 될 게 없겠구나'라는 생각에서다.

관음리에서 살 때 옆집 서현 권사님과 새벽마다 산행을 다녔다. 그야말로 비가 오나 눈이 오나 바람이 부나 집 뒤쪽 관산으로 산행을 다녔다. 비가 내리면 우의를 입었고 눈이 와도 한 번도 거른 적이 없다. 워낙 부지런한 권사님 덕분이었다. 그때 얻은 별명이 '퇴촌 날다람쥐'였다. 산행으로 얻은 건강함에 재미있는 별명까지 붙었다.

건양대 사회복지학과 과정에서 사회복지사 2급 자격증을 땄을 때의 일이다. 과목마다 점수를 이수하고 마지막 실습까지 마쳐야 자격증이 나왔다. 실습은 개인 간병 때 인연이 있었던 '아이너싱홈'에서 했다. 놀면서 실습한 게 아니고 일하면서 하루도 쉬지 않고 3개월 동안 하다 보니 끝날 무렵 체력의 한계를 느낄 정도였다. 해내겠다는 의지가 없었다면 불가능한 일이었다.

정규 실습 프로그램 중 강사에게 갑자기 급한 사정이 생겨 강사님 대신 프로그램을 맡아 진행한 적이 있다. '얼씨구 절씨구 짝짝'. 손뼉을 치며 집중시키고 '섬마을 선생님' 노래를 함께 부르며 분위기를 끌어 올렸다. 67명 어르신들의 이름을 다 외워 참석하신 어르신들의 이름을 불러드렸다.

“넌센스 퀴즈입니다. ‘평생 몸무게는 언제 가장 많이 나갈까요?’ 아시는 분 손드세요. 정답은 ‘철들 때’입니다. 두 번째 문제입니다. ‘세상에서 가장 예쁜 여자는 누구일까요?’ 정답은 ‘처음 보는 여자’입니다. 섬마을 선생님은 지금까지도 장가를 못 갔다네요. 조사하면 다 나옵니다.” 너스레를 떨자 ‘하하 호호’ 웃어주셨다. 처음 뵙는 어르신께는 “당신은 누구십니까?” “나는 장복순입니다.” 노래로 물으면 “나는 강일매입니다.” 노래로 대답했다. 치매가 있는 어르신도 19금 유머를 말하면 ‘빵’ 터졌다. 원래 치매에 걸리면 무표정인 경우가 많은데 예외였다. 어르신들은 유머와 재치로 밝은 에너지를 전하는 나를 예뻐해 주셨다. 사탕을 손에 꼭 쥐고 있다가 수줍게 건네며 “또 언제 와?” 물었다.

어르신들을 뵙고 느낀 점이 많았다. 단 한 번뿐인 인생이다. 한 번 왔다 가는 인생인데 허투루 살 수 없다. 남이 내 인생을 대신 살아줄 리 없다. 정말 신바람을 일으키며 멋지게 폼나게 살고 싶다. 세상 아무에게도 꿀리지 않는 자신감으로 무장하자. 뜨거운 혁명은 순도 100% 행복을 준다. 황금빛 내 인생, 이보다 더 멋질 수 없다. 내가 꿈꾸는 시간 혁명은 ‘나답게’ 사는 것 아닐까. 늘 새롭게 하루를 열었고 늘 새로운 일거리를 넘보았다. 멀리 있는 일도 내게 다가왔고 어느새 내 몸에 젖어 편한 일상이 되었다. 하루가 10년이 되었고 10년은 내 인생이 되었다. 루틴을 길들이는 과정이 쌓일수록 시간은 나를 뒤바꾸는 계기가 되었다.

04

위풍당당하게 외쳐라 "심 봤다!"

'심 봤다!'는 심메마니가 산삼을 발견했을 때 세 번 외치는 소리다. 산삼을 캐러 떠나기 전 캐낸 몫을 차지하는 방식을 미리 정한다. 캔 산삼을 일행이 공평하게 나누는 방식을 '원앙메', 먼저 발견한 사람이 독차지하는 방식을 '독메'라고 한다. 독메로 산삼 발견자가 '심 봤다!'라고 외치면 일행은 행동을 멈추고 그 자리에 주저앉는다. 심마니의 독메 방식을 흉내냈기 때문일까. 예상하지 못한 기쁨을 느낄 때 나오는 소리도 '심 봤다!'다.

경기도 원당 부근 모 부대에서 근무할 때의 일이다. 그때나 지금이나 뚜벅이족인 나는 1시간마다 오는 버스를 기다려야 했다. 그날따라 기다림에 완전히 지쳐갈 때였다. 버스정류장 저만치서 다가오는 부대 지프 차를 보았다. 망설이지 않고 손을 번쩍 들어 지프 차를 세웠다. 기다리느라 지쳐 죽을 지경이어서 버스든 지프 차든 상관 없었다. 그 분이 부대 대대장임을 나중에 알게 되었다.

저녁에 퇴근한 꼬마 신랑에게 낮에 있었던 일을 말했다. 별일이지만 별일 아닌 듯 무덤덤하고 심드렁하게. 그랬더니 대뜸 지프 차 번호를 물었다. '부대 지프 차가 다 똑같은 차 아냐?'라는 내 질문에 1호 차와 3호 차가 있다고 대답했다. 내가 타고 온 지프 차는 1번이라고 대답하기 무섭게 신랑은 정색했다. '1호 차는 부대에서 가장 높은 분이 타는 차다. 지나갈 때도 묵례해야 한다'라고 을박질렀다. 무슨 뜻인지는 알겠는데 내가 군인인가? 지나가는 지프 차에 목례하라니. 그러든 말든 나는 "심 봤다!" 속으로 쾌재를 불렀다.

그 사건이 있은 지 며칠 후였다. 3과장 사모님이 "군수 과장 새댁 애도 없는데 숙소에 놀러 와요." 연락이 왔다. 거절하지 못하고 살래살래 갔더니 고스톱을 치잔다. "고스톱 '고' 자도 모르는데 어떻게 쳐요?" 그러자 가르쳐줄 테니 일단 앉으라며 막무가내로 손부터 끌어당겼다. 못 이긴 척 어쩔 줄 모르고 마구잡이로 쳤다. "짜웅이 뭐야?" 저녁에 집에 돌아와 꼬마 신랑에게 또 물어보았다. "누가 그런 소리를 해?" 다짜고짜 핏대부터 세웠다. 낮에 3과장 사모와 난생처음 고스톱 치며 헤맨 얘기부터 '짜웅을 잘해야 출세한다'라는 말까지 들었다고 일러바쳤다. 가만히 듣던 꼬마 신랑이 발끈했다. 앞으로 불러도 놀러 가지 말라며 일장 훈시를 늘어놓았다. 별 도리 있겠는가. '알겠다'라는 대답으로 퉁쳤다.

본인이 당직 사령관으로 근무할 때였다. 느닷없이 영남 중위와 우재 중위를 사랑방으로 보내주었다. 당시만 해도 관사가 부족해 우리는 부대 근처 마을 사랑방에서 보증금 없이 월 3만 원에 살았다. 아무리 그래도 여자 혼자 사는 집에 남자가 둘씩이나. 물어보니 '선수'들에게서 고스톱을 제대로 배우라고 나름 신경썼다는 처사였다.

하얗게 밤을 새운 고스톱은 이랬다. 세 명이 손에 7장씩 들고 바닥에 6장을 깔고 게임을 시작한다. 십짜리 열이 다섯 개면 1점, 띠가 다섯 개면 1점, 껍질(피)이 열 장이면 1점, 홍단 청단 구사 3점, 고도리 5점. 피박에 흔들고 폭탄, 퉁, 슬, 뻑, 독박, 광박, 밤일낮장, 낙장불입, 구쌍, 피와 똥, 쌍피는 경찰서 앞에서도 먹는다. 벼락치기 특별 과외였다.

화투에 이력이 붙었다. 이제 명절이면 빠지지 않고 당당히 낀다. 아이들과도 윷놀이가 끝나면 어머님의 취미를 위해 화투판을 벌였다. 시어머님은 막내며느리인 나를 꼭 당신 오른쪽에 앉혔다. 광도 못 파는 자리인데. 어머님이 나를 옆에 앉힌 데는 다 이유가 있었다. 어머님이 돈을 잃으면 방석 밑에 배춧잎이라는 만 원짜리 두세 장을 넣어 드렸다. 어머님이 선을 잡으면 내가 화투패를 대신 쳐드리고 나눠드리는 데까지 도와드렸다. 흥이 많은 나는 좌중을 '들었다 놨다' 분위기 몰이꾼이다. 짜고 치는 고스톱이니 용어도 많았다.

"어머님, 똥 싸셨어요!", "시숙 어른, 죽으세요! 연사예요", "형님, 흔들고 피박에 광박이에요. 따따따블 맞죠?" 그러면 작은 엄마인 내 옆에 조카들 줄이 만들어진다. 기분파인 내가 따면 피자나 치킨을 시켜주고 노래방까지 협찬해주니 이야말로 '심'이다.

하루는 감기몸살에 열까지 나 화투를 치다 말고 슬그머니 방에 들어가 잠시 누워 있었다. 잠시 후 막내 제수 씨가 없으니 화투판이 재미없어 깨지게 생겼다며 큰 시숙이 호출했다. 인생을 고스톱에 비유하는 사람도 있다. 꼬마 신랑과의 옷 벗기 고스톱도 스릴 넘쳤다. 가족과 화목하게 즐기는 가운데 얻은 '심 봤다!'였다.

부대 관사에서 살 때 관사 앞쪽 주변 개나리를 꺾꽂이했다. 어느 해 봄 그 앞을 지나가는데 노랗게 우거진 개나리꽃이 나를 반기는 듯 화사하게 웃었다. 이렇게 귀하게 나를 찾아 개나리가 오다니. "심 봤다!" 퇴촌으로 이사해 관음리 단독주택에서 살았다. 1층 오른쪽에 우리가 살았고 왼쪽에 서현 권사님이 살았다. 2층에는 주인집 할머니가 살았다. 다 그런 건 아니지만 아파트였다면 앞집, 옆집에 누가 사는지도 모르고 살았을 것이다.

한 지붕 세 가족이던 권사님과 우리 두 가족은 잠자는 곳만 다를 뿐 새벽에 눈만 뜨면 반갑게 만나 하루를 산행으로 시작했다. 넓은 아파트를 팔고 용인에서 왔다는 권사님도 빈손으로 이사왔다고 했다. 아픈 사연이 많다고 했다. 나도 빈손으로 이사왔는데 그런 나를 위로해주려고 그분이 옆에서 사는 것처럼 느껴졌다. 주인집 할머니는 동네에서 구두쇠에 또순이로 소문났는데 우리에게 잘해주었다. 집 바로 뒤 밭떼기를 내주며 푸성귀나 심어 먹으란다.

매일 새벽마다 권사님과 어김없이 산행을 다녔다. 앞서거니 뒤서거니 올라갔지만 나는 사진찍는 데 정신이 팔려 뒤따라갈 때가 많았다. 앞서가던 권사님은 멋진 사진을 찍을 수 있도록 근사한 작품을 찜해놓고 반겼다. "룡이 엄마, 이건 어때요?" 하면 '심'을 본 듯 기뻐 펄쩍 뛰며 환호성을 질렀다. "네, 정말 멋져요. 감사합니다. 고맙습니다." 정신없이 작품 찍는 데만 몰입했다. 덕분에 희귀 버섯과 아름다운 솔나리꽃, 산에서 처음 본 아름다운 미선나무꽃도 찍었다. 그렇게 찍은 작품들이 모여 시화전을 열 수 있는 재산이 되었다.

휘파람새를 만나면 휘파람으로 인사했다. 그러면 친구인 줄 알고 계속 화답했다. 끽끽거리는 청설모, 순하게 생긴 다람쥐도 만났다. 산수유꽃이 피면 산에 생강나무꽃이 핀다. 두 꽃은 너무 비슷해 구별이 안 될 정도다. 생강나무꽃이나 줄기에서는 음식 양념으로 쓰이는 생강 냄새가 난다.

봄이면 앞산 뒷산에서 '꿩꿩'거리며 장끼와 까투리 사랑이 한창이다. 봄이 지난 나머지 계절에는 쥐 죽은 듯 조용하다. 꿩, 소쩍새, 뻐꾸기가 순서대로 나온다. 어느 해에는 뻐꾸기가 먼저 나오고 어느 해에는 검은 머리 뻐꾸기가 먼저 나온다. 일명 '홀딱 벗고' 새인 검은 머리 뻐꾸기는 '홀·딱·벗·고' 4음절로 노래한다. 밤에는 다른 새들과 삼라만상은 조용한데 '홀딱 벗고' 새는 밤에도 자지 않고 계속 노래한다. 솥 적다고 소쩍새가 노래하면 풍년이 든다는데 가끔 소쩍새도 밤을 잊은 듯 노래한다.

산행 후에는 밭에 가 농작물을 살펴보았다. 농작물은 농부의 발걸음 소리를 듣고 자란다는데 부지런한 주인 덕분에 심는 족족 잘 자랐다. 하루는 밭이랑에서 뱀이 나와 혼비백산해 비명을 질렀다. 유기농으로 농작물을 재배하다 보니 배추를 심으면 배추벌레가 극성이었다. 나무젓가락으로 배추벌레를 잡으며 징그러워 소리지르면 권사님은 '무공해 배추를 먹으려면 그 정도는 참아야지'라고 말씀하셨다.

2년 동안 재미있게 농사짓던 초보 농사꾼인 우리는 그해 초가을에 끝을 보았다. 멧돼지 떼가 출몰해 하루아침에 밭을 초토화시켰다. 산 바로 아래 밭이어서 튼튼한 울타리를 쳤는데도 소용없었다. 배추, 무, 호박, 상추, 들깨, 참깨, 토마토, 고구마, 옥수수. 많은 농작물 중 온전한 것은 들깨뿐이었다. 할머니 덕분에 싱싱한 채소를 먹었는데 멧돼지 사건을 계기로 밭농사를 접었다. 권사님이 한식 조리사와 양식조리사 자격증을 따려고 실습할 때 만든 맛있는 실습용 음식은 환룡이 차지였다.

교수님의 연구실이 용인으로 옮겨가면서 권사님도 함께 이사했다. 그러면서도 먼 길 마다하지 않고 우리 집에 와 김장해준 큰언니 같은 고마운 권사님이 내게는 '심'이었다. 위풍당당하게 외쳐본다. "심 봤다!" 조금만 부지런하면 '심'이 보인다. 눈을 조금만 더 크게 뜨면 '심'은 널렸다. 운 탓할 필요 없다. '심'을 먼저 주워 챙기는 사람이 임자다. 오겠다는데 밀어낼 수는 없지. 친구 하자는데 떨칠 리는 없지. 인생 '심'이 꽤 튼실하다.

05

화향백리 인향만리

'열 재주 주면서 하나는 숨긴다'

하나님은 공평하다. 다 주지만 골고루 똑같아야 흠도 티도 없는 완전체다. 겪지 않고선 모른다. 알기까지는 시간이 걸린다. 알고 나면 가뿐한데 그전에는 불편을 감수해야 한다. 무엇을 숨겼는지 제대로 알아차리면 그때부터는 웃음만 남는다.

서울 상도동은 여고를 졸업하고 언니와 함께 산 곳이어서 전혀 낯설지 않았다. 소령으로 진급하고도 군대 생활이 새장에 갇힌 새 같아 구속이 심하다며 남편은 전역을 선택했다. 그러고서 보금자리를 튼 곳이 상도동 약수터였다. "형님한테 잘해라." 손윗동서가 나보다 한 살 어리다는 말을 듣고 돌아가신 친정엄마가 해주신 조언이었다.

상도동 그곳에는 첫째 시숙과 시어머니가 살았고 셋째 시숙도 산 터였다. 셋째 형님은 손윗동서이지만 나보다 한 살 적었다. 친정엄마 친정 동네에 절골 당숙모도 엄마보다 다섯 살이나 아래인데도 법이 남자 따라가는 세상이어서 형님이라고 부른다고 일러주었다. 막내 환룡이도 상도동 약수터로 이사와 낳았다. 언니가 딸 셋을 낳고 아들을 낳으려고 애쓴 것을 알기에 나는 첫째 유리를 낳고 둘째는 안 낳을 거라며 아기용품을 다 나눠줬다. 미련을 남기지 않겠다고 결심한 시절이었다.

자식 사랑이 남달랐던 시어머님은 자주 얼굴 보기를 바라셨다. 큰댁에 모이면 음식 만들기를 좋아한 어머님이 대부분 요리하셨다. 셋째 형님도 요리를 잘해 음식을 만들면 곁에 있는 내가 꼭 간보게 했다. "형님, 기막히게 맛있는데요." "동서 입에 안 맛있는 게 어디 있어?" "하하! 그럼 왜 저한테 간보라고 그러세요?" 그렇게 우리는 부엌에서 웃음보를 터뜨렸다. "동서는 애 한 명만 낳는다면서 셋이나 낳았어?" 형님은 모르실 거다. 애들을 예뻐하는 내가 일곱 명을 낳고 싶었던 속내를. 친구처럼 흉물, 허물없이 지내던 이런 형님에게도 1급 비밀이 있었다. 숨은 한 가지를 드러내야 하나님의 본심에 탄성이 터진다.

'악참치'

원래 있던 말이 아니다. 지어낸 말이다. 가장 험하기로 유명한 산에는 '악' 자가 붙는다. 새 중, 새 기름 중 기름과 같이 최고로 치는 이름에는 접두사 '참'이 붙는다. 바다 생선 중 성질머리 고약한 놈들에게는 '치' 자가 따라붙는다. 뭔가를 지지리도 못하는 사람에게 가차 없이 '치' 자를 붙이면 볼 장 다 본 것이다. 해도 너무 하는 고약한 사람에게 '치' 자가 붙으면 끝장이다. 요즘 하는 말로 웃프다. 도저히 웃어넘기지 못할 만큼 슬픈 일이다.

'쿵짜작 쿵짝 엽전 열 닷 냥'

셋째 형님이 치른 곤욕을 떠올리면 얼굴이 화끈거린다. 신혼여행에서 갓 돌아온 신부를 가족이 그냥 놔둘 리 만무하다. '이때다!' 생각한 일가친척이 모여 잔칫상이 차려졌다. '약방의 감초'처럼 빠질 수 없는 신부의 노래. 한 곡 부르면 끝날 일이건만 신부가 자꾸 빼는 바람에 추임새를 넣는 모든 사람의 목소리 톤이 점점 올라갔다. 오죽하면 '내가 대신 부를까?' 생각했지만 그랬다간 흥이 다 깨진다. 부르라고 아무리 다그쳐도 수줍음이 많아서인지 도무지 요지부동이다. 꿔다 놓은 보릿자루처럼 전혀 움직임이 없자 보다 못한 어머니가 자리에서 일어선다. 빈 주전자를 들고 뒤뜰로 가실 모양이다. 권커니 잣거니 술잔이 돌고 농담을 건네며 신랑에게 벌주를 내렸다.

잔치 때마다 으레 동동주를 담그시는 어머니는 발걸음도 가볍게 연신 뒤뜰을 오갔다. 음식 솜씨 좋기로 소문난 시어머님은 셋째 며느리가 노래는 안 부르고 빼는 상황보다 담근 동동주를 가지러 가는 게 더 신나 보였다. 시간이 한참 흘러도 형님은 노래 부를 기색이 전혀 없고 그만큼 새신랑 벌주 세례는 계속 이어졌다. 보다 못한 새신랑이 술기운에 결국 '장밋빛 스카프'를 부르고서야 잦아들었다. "인삼이가 운전하면 영 불안혀." 구성지게 노래 잘 부르는 신랑에게도 치명적인 단점이 있었다. 새신랑 셋째 시숙을 두고 어머님이 늘 하시던 말씀이다. 내비게이션이 없던 시절 시숙이 운전대를 잡으려고 하면 '갔던 길을 몇 번씩이나 왔다 갔다', '귀신에 씌었다'라며 허구한 날 헤맸다. 어떻게 그렇게 시아버님을 6남매가 똑같이 닮았을까. 그중에서도 셋째 시숙은 지독한 길치다.

잔치가 끝난 그다음 주로 기억한다. 광양 장날 네거리 시계탑 앞에서 식구들이 만나기로 했다. 워낙 유명한 길이어서 사람들은 약속 장소를 네거리 시계탑으로 정하곤 했다. 광양읍 네거리 시계탑을 모르면 간첩이라는 말이 있을 정도였다. 그토록 유명한 시계탑에서 조금만 방향을 틀어도 "여기가 어디냐?" 묻던 시숙 덕분에 모인 식구들이 배를 잡고 웃던 기억이 새롭다. 그 아버지에 그 아들 아니랄까 봐 시작은 시아버님이었다. 어딘가로 나들이라도 가려면 어머님 꽁무니만 졸졸 따라다녔다. 따지고 보면 모든 게 시댁에서만 대물림되는 '길치 DNA' 탓이다. 옥룡면 씨름 대회에서 황소도 탔던 시아버지가 어머니 뒤만 졸졸 따라다니던 모습은 아기처럼 귀여웠다.

나중에 우연히 알게 된 사실. 형님은 지독한 음치란다. 높낮이 없이 글을 읽는 수준이니 말 다했다. 그런 사정도 모르고 옆에서 노래 부르라고 부추겨 새삼 미안했던 기억이 난다. 음치면 어때. 길치면 어때. 음치인 형님과 길치인 시숙은 천생연분임에 틀림없다. 흠 없는 사람이 어디 있는가. 못하는 일 겹치지 않고 하나씩 나누어 가졌으니 그만하면 '찐 부부' 아니겠는가. '찐 깐부' 아니겠는가. 부족한 것은 서로 채워주고 아껴주며 행복하게 백년해로 중이니 이보다 더 큰 행복을 어디서 찾을까.

우분투(Ubuntu). '당신이 있기에 내가 있다(I am because you are).' 라는 의미의 아프리카 인사말이다. 당신들이 있기에 가까이 살면서 얼굴 붉히지 않고 행복하게 살았다. 친정집에서 쌀을 보내주면 어머님과 형님댁에 나누어 드렸다. 향우회 모임에서 퀴즈 문제를 맞히고 상품으로 탄 대형 TV를 형님댁에 드렸다. 캠브리지 신사복 상품권을 받았을 때도 시숙에게 드렸다.

사람 향기가 별 건가. 마음을 다해 베풀고 서로 배려하며 사랑하는 것 아닐까. 그래서 나온 말이 있다. '꽃향기 백 리 가고 사람 향기 만 리 간다' 하나님이 숨긴 것은 찾으라고 했다. 다 알면 재미없다고. 하늘이 감춘 것은 웃음이라고 했다. 알고 나면 더 재미있다고. 재미있게 찾고 재미있게 웃으며 사람 향기 멀리멀리 퍼뜨리며 살라고 눙쳤다.

06

걸림돌이 아닌 디딤돌이 되자

길을 걷다가 돌이 나타나면 약자는 걸림돌이라고 부르고 강자는 디딤돌이라고 부른다. 똑같은 상황에서도 마음가짐에 따라 표현이 다르다. 순식간에 걸림돌이 될 수도 디딤돌이 될 수도 있다. 살다 보면 우리는 하루에도 몇 번씩 이런 일을 겪는다. 하나이지만 둘셋으로 나뉘는 마음 갈래. 반면, 여러 상황에서도 오직 하나로 일관된 마음을 내게도 하다니. 사람이 상황을 만들지 않는다. 상황이 사람을 만들 뿐이다. 어떤 상황에서도 굳건한 긍정의 마음을 지닐 수는 없을까.

"면접 잘 봤어?"
"언니, 나 떨어졌어."

집에 들어서는 동생에게 궁금해 물어보자 울상 지으며 꺼이꺼이 대답했다. 키가 150cm 이상이어야 합격인데 키에서 떨어졌다고 잘라 말했다. 듣자니 나까지 속상했다. 면접이 얼마나 까다롭던지 키 작은 사람은 조금이라도 커 보이려고 상고머리로 묶고 와 머리끈을 풀라고 했을 정도였단다. 억울한 사람은 훗날 다시 면접 보러오라고 했단다. 힘들게 공부해 필기시험은 합격했는데 면접에서 떨어지면 억울하다. 수

숫기가 없고 내성적인 동생에게 부담스러운 제안이었나 보다. 오늘 밤 푹 자고 좋은 꿈 꾸라며 다독여주었다. 가뜩이나 입이 짧은 동생이어서 아침이라도 든든히 챙겨 먹이며 행운도 빌어주었다. 여동생과 함께 다녀오라고 남편에게 부탁했다. “장미, 잘 될 거야. 면접관님에게 당당하게 말해. 밤새 푹 잤더니 2cm는 더 자란 것 같다고. 행운을 빌게. 걱정하지 말고 잘 다녀와.” 생긋생긋 웃는 얼굴로 키가 2cm 더 컸다고 말하는데도 불합격시킬 만큼 배짱 좋은 면접관이 있을까. 혼자 이러쿵저러쿵 애간장만 녹고 있었다. 소금쟁이 맴돌 듯 방안에서 왔다갔다했고 속은 속대로 타들어 갔다. 탁자 위 전화기만 멀뚱히 쳐다보고 있었다.

가슴 졸이며 기다리는 몇 시간 동안 가을이 몇 번 왔다 갔는지 모른다. ‘혹시’라는 마음에 고개를 돌리는 순간 폰에 불이 들어왔다. 합격이란다. 동생에게서 온 합격 소식이 생생했다. 전화기 너머 들려오는 목소리가 또랑또랑했다. “장미, 축하해!” 장하다. 월미도에서 형부가 회를 사준다고 자랑했다. 안 그래도 아침에 동행하는 남편에게 처제에게 맛있는 거 사주라고 부탁했다. 7남매 중 막내인 미화가 어느새 커 대학생이 된다니 덩달아 기뻤다. 여고 시절 자취하면서 돼지고기를 잘못 먹고 두드러기 나 고생을 많이 했다.

그 후로 동생은 고기를 멀리했고 한창 클 나이에 크지 못했다. 키 때문에 걱정했던 막냇동생을 업어 키웠는데 기쁨을 감출 수 없었다. 동생이 목도 가누지 못하는 갓난아기 때 얼마나 예쁘고 사랑스럽던지. 엄마를 졸라 포대기로 등에 업고 고무줄놀이를 했다. 그게 엊그제 같은데 이런 막내가 어엿이 교대에 합격했다니 감개무량했다.

집에 돌아온 막내에게 공약을 걸었다. 졸업하고 첫 월급 타면 안개꽃 한 아름 사달라고. 그랬던 동생은 지금도 내게 든든한 지원군이다. 보석 일을 할 때도 그랬다. 몇 년째 월간지 「좋은 생각」을 보내주고 있고 생일 때마다 책을 상자째 보내준다.

지난 5월 중순 엄마 기제에 동생과 광양에 갔다. 엄마, 아버지 산소에서 동생은 '엄마, 아버지는 언니에게 좋은 유전자를 다 물려주셨다'라고 말했단다. 외향적이고 활달한 나와 달리 처음 만나는 사람에게 쉽게 다가가지 못한다. 나는 처음 만난 사람과 1분 안에 친해진다. 나는 대식가에 어떤 음식을 먹어도 금방 소화시키는 반면, 동생은 소식하면서도 한꺼번에 많이 못 먹는다.

하루는 지하철에서 대체의학을 한다는 여자분과 이런저런 대화를 나누었다. 그분은 결혼 첫날밤 아무 이유 없이 신랑에게서 뺨을 맞았단다. 결국 6개월도 못 살고 이혼했다는 말을 거리낌 없이 했다. 그것도 지하철에서. 더구나 처음 만난 내게. 그런 그녀가 안쓰러워 이런저런 얘기를 나누다가 헤어졌다. "아는 사람이야?" 함께 탔던 감독관이 물었다. 지하철에서 오늘 처음 만났는데 웬 오지랖이냐고 속으로 구시렁거렸을 것이다. 그만큼 내게는 상대방을 편하게 만들고 무장해제시키는 친화력이 있다고 생각한다.

내성적인 탓에 면접을 놓칠 뻔한 동생이었다. '된다'라는 긍정적인 생각에 '디딤돌'을 놓았을 뿐이다. 교대를 졸업하고 지금은 교편생활을 잘하고 있다. 동생은 가끔 '언니 아니었으면 그날 면접에 안 갔을지도 모른다'라고 고백한다. 언니 덕분에 교사가 되어 고맙다며 나를 무안

하게 만든다.

‘독수리 5형제’ 봉사활동을 통해 사랑과 나눔을 실천했다. 경기도와 강원도 경계선에 있는 ‘로뎀의 집’에 매월 셋째 화요일 짜장면 봉사를 했다. ‘로뎀의 집’은 장애가 있는 어린아이부터 쉰 살이 넘은 어른까지 함께 생활하는 곳이다. 원장님 부부, 사회복지사 두 분, 보살펴주는 선생님들이 계신다.

CEO로 구성된 ‘독수리 5형제’ 봉사단이 매월 한 번씩 모여 교회에서 짜장면을 만든다. 나는 봉사자가 도착하기 전에 일찍 갔다. 짜장면에 넣을 호박, 감자, 당근 등의 채소를 씻어 바구니에 담아두었다. 이미란 목사와 김미화 조교도 함께 했다. 가끔 김성희 집사도 함께 했다. 조성식 박사, 지학사 대표를 포함해 ‘독수리 5형제’는 지구를 지켰다는 독수리 5형제와 같은 이름으로 ‘로뎀의 집’을 지켰다.

봉사하는 마음이 아무에게나 있는 것은 아니다. 마음은 있지만 실천하지 않으면 ‘꽝’이다. 내용물을 깍둑썰기해 큰 가마솥에 볶는 일은 주로 이성 대표가 맡았다. 가마솥이 얼마나 크던지 커다란 국자로 휘저으면 노를 젓는 것 같았다. 나도 ‘노 젓기’를 돕곤 했다. 바닥이 눌어붙지 않으려면 부지런히 저어야 했다.

점심으로 준비하는 짜장면이어서 일찍 서둘러 만들었다. 부랴부랴 완성된 30인분 짜장면을 통에 담아 ‘로뎀의 집’으로 갔다. ‘로뎀의 집’ 입구에서 어김없이 경숙이가 기다리고 있었다. 장애 때문에 또래보다 키가 훨씬 작지만 우리 일행이 도착하면 인사하느라 바빴다. “안녕하세요? 안녕하세요?" 차 문이 열리기도 전에 인사를 연신 무한 반복했다. 차 소리라도 나면 안에 있던 로뎀 아이들이 뛰어나와 환호성을 지르며 반겼다. 얼마나 외로웠으면 저럴까. 서른이 넘은 어른이지만 지체장애가 있는 정호 씨는 어린아이와 똑같은 행동을 한다. 버선발로 뛰어나온다는 표현이 딱 맞았다. 두 팔을 벌리고 다가서며 반가운 마음에 와락 안겼다. 식당에 모여 짜장면 배식이 끝나면 혼자 먹지 못하는 아이들 먼저 식사 보조를 했다.

어느 정도 정리되면 우리도 식사했다. 어린이날이나 크리스마스 같은 특별한 날에는 소고기 스테이크를 만들고 치킨을 사 가고 가끔 수육도 만들어갔다. 몇 끼 굶은 사람처럼 마파람에 '게 눈 감추듯' 맛있게 먹어주면 힘들여 준비한 보람이 컸다. 앞 건물에는 장애가 심한 중증 장애인들이 누워 생활한다. 말도 못 하고 누워 눈만 껌뻑이는 모습이 너무 안쓰러웠다. 다른 사람의 도움의 손길이 없으면 꼼짝도 못 하는 중증 장애인들에게 마음이 더 쓰였다. '엄마 마음'으로 한 번이라도 더 안아주고 다독여주면 비록 말은 못해도 해맑게 웃어주었다.

'로뎀의 집'에 다녀오면 나도 모르게 벌써 다음 달을 기다리는 나를 보았다. 선한 눈망울의 로뎀 식구들 덕분이다. 그곳에서 자칭 타칭 반장으로 통하는 철구는 또래 여자아이들에게 인기다. 서로 그의 여자친구가 되려는 경쟁이 심하다. 사랑하는 마음은 어디든 누구에게든 있다.

'로뎀의 집' 앞산에 울긋불긋 단풍이 물드는 가을에는 국악 공연이 펼쳐진다. 재능기부로 이루어지는 축제 한마당. 쾌활한 성격의 경숙이

와 철구는 흥에 겨워 춤을 추었다. 대금을 연주하고 창을 불렀다. 고수의 북 장단에 맞추어 부르는 춘향가는 이몽룡과 춘향의 러브스토리를 생각나게 한다. 방자와 향단이도 생각난다. 봉사하는 그분들의 눈에서 빛이 났다. 부모도 나 몰라라 버린 그들을 따뜻한 가슴으로 안아주었다. '로뎀의 집'에 머무는 소외된 장애인들을 변함없이 지켜주고 싶다. 단단한 디딤돌이 되어 그들의 마음의 허기를 채워주고 싶은 진실한 마음의 소리다.

살았던 날들에서 걸림돌이 되었던 모든 것을 맞바꾸어 디딤돌 하나를 놓는다. 대수롭지 않아 보이는 작은 돌덩이들. 그런 돌덩이가 돌무지가 되어 누구라도 마음 놓고 건너갈 디딤돌이 된다면 이보다 더 값진 나눔이 어디 있겠는가. 그런 심정으로 오늘도 디딤돌 하나를 단단히 박아 내리겠다.

07

마법 같은 삶,
가슴이 시키는 일을 하자

지금 하는 일이 확신에 찬 일이라면 계속 해야 한다. 후회하지 않을 인생을 살려면 매 순간 게으르지 않고 가슴이 시키는 일을 하자. 『가슴이 시키는 일』의 저자 김이율은 '먹고 살기 위해 억지로 하는 일이 아닌 내가 정말 행복한 일'을 가슴이 시키는 일로 정의했다.

소풍가기 전날 가슴이 설레고 두근거려 잠을 설쳤던 시절처럼 봉사 활동도 항상 기대감에 벅찼다. '가나다 봉사단' 유승희 단장이 내게 엉뚱한 말을 건넸다. "회장님 친정 어머님이 회장님을 임신했을 때 기쁜 일이 많았나 봐요?" 생뚱맞고 뜬금없는 질문이었다. "왜요?" 반문했다. "회장님은 늘 싱글벙글 잘 웃고 매사에 긍정적이잖아요."

계절의 그림자가 점점 짧아지는 요맘때 기억이다. 지금은 퇴촌 광동리에서 '토마토 축제'가 열린다. 몇 년 전만 해도 정지리에서 열렸는데 장소가 좁다는 이유로 광동리 생태공원 옆으로 옮겼다. 그것도 코로나 때문에 2년 동안이나 축제를 열지 못했다. 전국에서 구름 인파가 밀려드는 그곳에서 장사할 계획을 세웠다. 광수중학교 학부모회 임원진 회의에서 결정된 사항이다. 토마토 축제에서 다양한 품목을 팔기로 했다. 많은 안건 중 최종 일곱 가지로 간추렸다.

1. 장명루를 만든다.
2. 퇴촌 특산품인 토마토 모양의 마스코트를 만든다.
3. 쑥떡을 만들기 위해 준비한 쑥을 떡 방앗간에 맡긴다.
4. 얼굴에 캐릭터 그림을 그릴 물감을 준비한다.
5. 냉차를 만들어 판매한다.
6. 바자회 때 모아둔 옷을 판매한다.
7. 집에서 읽은 책들을 모아 판매한다.

축제 기간은 단 사흘이지만 준비는 그전부터 해야 했다. 학부모들이 모여 봄에 쑥을 뜯어 보관해두었다. 시간 나는 임원들은 이틀 전 따로 시장을 보고 장명루를 만들 실타래, 종이컵, 부직포를 준비하게 했다. 혹시 빠뜨릴까 봐 꼼꼼히 메모해 완벽히 준비했다. 하루 전에는 쑥을 방앗간에 맡겼다. 축제 당일 아침 쑥떡은 결이 엄마가 찾아오기로 했다. 얼굴 페인팅은 미래 엄마가 숲 동아리 학생들과 함께 하기로 했다. 장명루 만들기는 '가나다 봉사단' 단장과 학생들이 맡았다. 회의 안건이 워낙 많아 수시로 만나 의논했다.

장명루는 '빨노파흑백' 오색실로 짠 팔찌로 '건강하게 오래 살라'라는 뜻이 담겨 있다. 아크릴 돈통에 '판매금액 전액 광수중학교 장학금으로 씁니다'라고 써 붙였다. 떡은 축제 첫날 오전에 다 팔릴 정도로 인기였다. 헌책도 저렴하게 판매하니 둘째 날 다 팔렸다. 날씨가 더워 냉차도 불티나게 팔렸다. 오전 오후 두 번 얼음을 사 냉차통에 넣어 시원하게 만들었다. 학부모와 학생들이 협업해 봉사하니 오가는 사람들도 광수중학교 부스에 들러 옷을 사가기도 했다. 부스가 비좁아 얼굴 페인팅 팀은 밖에서 그렸다.

학부모 임원들과 학부모들은 사흘 동안 땀을 뻘뻘 흘려가며 자기 집안일처럼 열심히 동참했다. 바느질 솜씨가 좋은 숙자 선생님과 진규 엄마가 축제 구경하러 따라온 자녀들과 함께 토마토 모양의 캐릭터를 만들어 판매했다. 부직포를 미리 잘라온 덕분에 일하기가 훨씬 쉬웠다. 학부모 회장인 나는 전천후로 종횡무진 움직였다. 세상에 쉬운 일은 하나도 없다. 그렇다고 못 할 일도 없다.

사흘 동안 봉사활동으로 재료비를 빼고 34만 원의 수입이 발생했다. 수고한 만큼 보람도 크고 대만족이었다. 고스란히 장학금으로 학교에 전달했다. 누군가의 희생과 봉사가 마법과 같은 결과를 가져온 것이다.

"예쁜 유정! 내일 시험 보는 날 아냐?"

"맞아요, 엄마. 내일부터 시험 기간 맞아요."

친구 집에 갔다가 집에 막 들어서는 참이었다. "내일이 시험인데 친구 집에서 뭐하고 왔어?" 묻자 친구와 공부하고 친구가 모르는 문제도 알려주었다고 했다. 친구 아빠 머리에 난 새치도 뽑아드렸다고 했다. 전교 1등인 딸 친구가 왔으니 대접이 극진했다. 게다가 성격도 좋아 친구 아빠 새치까지 뽑아주니 피자, 치킨은 기본으로 시켜줬단다. 엄마를 닮아 오지랖도 엄청 넓다. 문제는 집에 와서도 TV에서 보고 싶은 건 다 본다는 것이다. "유정아!" 부르면 기다렸다는 듯 "엄마, 저 못 믿어요?” 오히려 큰소리다. 저녁에 잘 때도 미리 당부했다. “3시에 알람 울리면 꼭 깨워주세요.” 알람이 울리면 벌떡 일어났다. 정말 피곤할 때는 “엄마, 죄송한데 5분만 있다가 다시 깨워주세요.” 했고 5분 후 틀림없이 일어나 공부했다. 유정이는 그런 딸이다.

결행력이 대단하다. 내 생일마다 풍선을 불고 풍선 아트로 집안을 온통 파티 분위기로 만든다. 솜씨 좋은 유리와 함께 꾸민 합작품이다. 예쁜 손글씨로 커다랗게 장식한다. ‘엄마, 생일 축하해요. 세상에 태어나줘서 감사합니다. 건강하게 오래오래 사세요. 사랑합니다’ 정성이 가득 담긴 멘트는 엄마의 마음에 감동을 선사했다. 유리, 유정, 환룡이는 가슴 떨릴 때 여행을 다녀야지 다리가 떨릴 때 가면 안 된다며 엄마를 챙겼다. 제주도, 거제도, 필리핀 보라카이. 아이들 덕분에 여러 곳을 다니며 추억을 쌓고 있다. 자신들이 엄마였다면 벌써 도망갔을 텐데 도망가지 않고 사랑으로 키워줬다며 고맙다고 했다.

엄마에게 유머를 날리며 웃게 해주던 둘째 유정이가 재작년 가을 결혼했다. 임신하고 태명을 ‘도담’으로 지어 불렀다. 도담은 사전적 의미로 ‘도담하다’의 어근이다. ‘야무지고 탐스럽다’라는 뜻의 순우리말이다. 생애 첫 손자를 맞는데 뭔가 보여주고 싶었나 보다. 아이 셋을 키웠지만 지난 일이니 새삼스러울 것 같았다. 도전할 이유가 생겼다. 무리수를 던졌다고 해야 할까.

‘아동심리 상담사’, ‘산후조리사’, ‘베이비시터’ 자격증에 도전했다. 더 이상 자격증에 욕심내지 않기로 다짐했는데 이번에는 달랐다. 단순히 자격증을 따겠다는 의미가 아니었다. 손자가 태어나면 제대로 알고 교육시키고 싶은 초보 할머니의 마음이라고 할까. 책 읽고 공부하는 것이 로망이었지만 일하랴 공부하랴 '주경야독'이 쉬웠겠는가. 그런데도 하겠다고 마음먹었으니 해야 한다. 뭇사람 말처럼 포기는 배추 포기 셀 때만 쓰는 것 아닌가. 단 1%의 가능성만 있어도 '나'는 도전한다. 불도저처럼 밀어붙이니 안 될 이유가 없다. 자식들은 정성을 다해 예쁘게 키운다고 키웠지만 바쁘게 키우느라 미처 몰랐던 부분이 있을 것이다. 눈에 넣어도 아프지 않을 손자 도진이를 사랑과 정성으로 키우겠다고 다짐했다.

뻐꾸기가 등장한 지도 보름이 지났다. "여러분, 뻐꾸기는 어떻게 노래할까요?" '뻐꾹뻐꾹' 당연히 맞다. 하지만 뻐꾸기도 때로는 뭐가 그리 바쁜지 '뻐뻐꾹 뻐꾹' 부산스럽게 노래할 때가 있다. 저녁 7시만 넘으면 모 심어놓은 논에서 개구리 합창 대회가 열린다. 떼창을 하니 누가 누가 잘하나 알 수 없지만 녀석들의 합창 소리에 귀는 즐겁다.

한낮의 즐거움을 뻐꾸기가 주었다면 밤의 노곤함은 개구리들이 녹여준다. 마법 같은 삶. 이곳이 지상낙원이다. 머리로 계산하기는 불가능했다. 그럴 때는 가슴이 시키는 대로 놔둔다. '가슴'에게도 기회를 주어야지. 가슴이 시켜 이룬 일 중 지금까지 부작용은 없었다.

08 동행을 부르는 이야기

성공과 성공자는 무엇일까?

뭔가를 이루면 성공이고 이룬 사람은 성공자인가. 사람들은 내가 성공했다고 자주 말하지만 나는 쉽게 동의하지 못한다. 성공이 뭐냐고 묻는다면 주저 없이 이렇게 반문한다. "당신은 얼마나 많은 루틴을 가졌나요?"

새벽 3시 50분. 아직 태양도 잘 시간이지만 나는 어김없이 나를 깨운다. 내게 아침 인사를 건네며 아무 대가나 조건 없이 선물로 받은 하루에 감사한다. 밤새 무탈함에 감사하고 잠들었다가 깨어났음에 감사하고 눈뜨자마자 선물까지 받음에 감사한다. 새벽 3시 50분부터 아침 7시 30분까지는 그 누구의 방해도 받지 않는 나만의 소중한 시간이다. 이 시간은 온전히 '나를 위해' 쓰는 시간이기에 하루 중 가장 빛나고 알찬 시간으로 채우려고 애쓴다. 이런 시간을 통해 나를 채우고 하루의 나머지 시간은 다른 사람들과의 '관계'를 통해 나눌 수 있는 시간으로 사용하려고 한다.

‘최선을 다해 오늘 하루도 최고에 이르라’ 거울 속 나를 마주하며 내게 다짐한다. 내 운명은 우연히 이루어지지 않았다. 선택도 분명히 내가 했고 내가 선택한 일을 이루기 위해 최선을 다했기에 지금 여기서 이 모습으로 살아갈 수 있는 것이리라. 아침마다 양치한 후 물 한 컵을 마신다. 30분 동안 성경을 읽고 기도하며 50분 동안 몸풀기 스트레칭을 한다. 누구나 그러지 않겠느냐고 말하겠지만 이 모든 것을 습관으로 만드는 데 오랜 시간이 걸렸다. 몸에 좋다면 입으로 가져가는 사람이 있는 반면, 피부에 양보하는 사람도 있다. 남들과 똑같이 하면 재미없지 않은가.

나는 몸에 좋다면 ‘습관’으로 가져가기 위해 노력했다. 처음에는 불편하고 귀찮아 거부감도 있었지만 하루 이틀 계속 하다 보니 어느새 익숙해졌다. 안 하면 안 될 정도가 되자 비로소 습관 하나가 제대로 뿌리내린 것으로 간주했다. 지금 나이에 이르러서야 이렇게 하루를 시작하게 되었다.

너나없이 인생의 오르막길과 내리막길을 걸어간다지만 나도 걸어온 길이 결코 평탄하지 않았다. 넘어지고 엎어지고 비탈길을 걷고 흙탕길도 걸었다. 가만히 앉아 있지 못하고 길을 떠나는 여행자처럼 늘 ‘도전’ 보따리를 꾸려왔다.

도전하는 삶. 주어지는 시련에 불평하기보다 일말의 희망을 붙잡았고 주어진 기회 앞에서 도망치기보다 도전을 선택했다. 고등학교를 졸업하고 큰언니로부터 양장 일을 배우다가 직장 생활을 먼저 했지만 결국 대학 공부를 해냈다. 앞에 나서길 두려워하는 친구들에게 보란 듯이 강사가 되어 전국을 누비고 다녔다. 나이 들어 주책바가지라는 소리도 들었지만 '미즈 실버 코리아'에도 당당히 출전했다. 시인이 되었고 작가가 되겠다고 마음을 굳힌 것은 아름다운 나이를 훈장처럼 내 가슴에 달아주고 싶었기 때문이다.

넋 놓고 하늘의 처분만 바라는 수동적인 태도는 싫다. 할 일이 없다고 투덜대는 모습도 꼴불견이다. 어렵든 볼썽사납든 그게 무슨 대수인가. 어떤 일을 할지 안 할지를 선택할 때 나는 '하는' 쪽을 택한다. 굳이 그러는 이유는 도전했던 일을 이룬 후 찾아오는 보람이 크기 때문이다. 힘들었던 시간을 보상하고도 남는 게 있기 때문이다.

지난 세월을 되돌아보니 이룬 일들이 무척 많았다. 군 장병 독서 코칭 강사가 되었다. 군 복무 중인 군인들에게 독서로 새로운 지식을 배우게 하고 다양한 경험을 통해 자신감도 키워주었다. 독서가 리더를 만들지 않는다. 그러나 모든 리더는 책을 읽는다. '독서 코칭' 강사가 되어 청량중학교 야구부와 중대부중 축구부 선수들에게 독서의 중요성을 일깨워줘 큰 꿈을 갖게 지도했다.

시집 『그리움 0516』을 시작으로 공저 『명강사 25시』, 『사랑하길 잘했다』, 『5년 후 내가 나에게』 외에도 다섯 권이나 출간되어 베스트셀러가 되었다. '평생 글을 쓰며 글쓰기를 지도해 사회에 봉사하자'라고 결심했던 20대 젊은 시절의 꿈을 모두 이루고 살고 있다. 글쓰기를 내 사명으로 생각하고 시작했지만 지금은 소명으로 생각한다.

'생각이 바뀌면 행동이 바뀌고 행동이 바뀌면 습관이 바뀐다' 행동 실천이 반복되면 습관이 된다. 부지런함으로 앞만 보고 달려와 보니 복이 넝쿨째 품에 안겼다. 꿈꾸지 않았다면 이룰 수 없었던 일을 묵묵히 우직하게 해냈다. 꿈꾸었던 목표가 이루어졌을 때 밀려오는 행복감을 무엇에 비교할 수 있을까. 꿈이 꿈을 낳는다는 것을 몸소 체험했다. 하나를 이루려고 할 때는 그토록 버거운데 그 하나를 이루고 나니 다음 꿈이 옆자리를 벌써 꿰차고 있다.

3년 전부터 새로운 꿈을 찾았다. 아프리카 선교활동을 하게 되었다. 그곳에 학교를 짓고 우물을 파주는 프로젝트에 참여했다. '누구나 할 수 있어도 아무나 할 수는 없다'라는 신념이 나를 부추겼다. 목표가 정해졌으면 결단을 내리고 행동으로 실천하는 태도가 끝없이 나를 떠밀었다. 2020년 2월부터 시작되어 지금까지 전 세계인을 힘들게 하는 코로나19 신종 변이 오미크론 팬데믹으로 퇴촌 요양원 어르신들을 위한 '웃음 치료' 봉사활동도 잠시 멈추었다.

'가장 높이 나는 새가 가장 멀리 본다'

궁극적인 꿈의 목표가 확실하면 당신의 날은 온다. 미국 소설가 리처드 바크의 소설 『갈매기의 꿈』에 나오는 문장이다. 갈매기 리빙스턴 조나단이 진리를 발견한 순간 '한 마리의 갈매기에게 그가 자유롭고 조금만 시간을 내 연습하면 자유의 참된 의미를 스스로 증명할 수 있다'라는 말도 인상적이다. 갈매기 조나단은 부지런한 연습벌레로 수직 날기와 비상을 마음대로 조절하는 경지에 이르는 과정도 습관의 주인이 되었기 때문이다. 어디든 마음만 먹으면 원하는 곳에 도달할 수 있다는 진리를 발견했다. 부던히 애쓴 결과다.

혼자 가면 외로운 길이지만 둘이 가면 '동행길'이 되는 그 길을 기꺼이 함께 걸어준 벗들이 있어 좋았다. 마음의 주인으로서 더 강하게 매일 내 마음에게 부탁한다. 나머지 인생에서도 꿈꾸고 계획한 모든 일에 좌절하지 말고 전진하라고.

나는 오늘 지금 여기 내 삶의 주인으로 당당히 서 있지 않은가. 도전하지 않으면 아무것도 얻을 수 없다. 끊임없이 도전했기에 모든 것을 누리며 사는 지금의 삶이 그 무엇보다 행복하다. 하루와 일주일이 행복으로 채워졌으니 다른 누군가에게 전해줄 희망이 있어 여전히 꿈에 젖어 오늘을 산다.